领导力变革的九个关键

[美] 彼得 · 山克曼
Peter Shankman
著

程慧敏
译

Nice Companies Finish First:

Why Cutthroat Management Is Over-and Collaboration Is In

北京时代华文书局

图书在版编目（CIP）数据

领导力变革的九个关键 /（美）彼得·山克曼著 ; 程慧敏译. — 北京 : 北京时代华文书局，2020.10

书名原文 : Nice Companies Finish First: Why Cutthroat Management Is Over-and Collaboration Is In

ISBN 978-7-5699-3929-3

Ⅰ. ①领… Ⅱ. ①彼… ②程… Ⅲ. ①企业领导学 Ⅳ. ① F272.91

中国版本图书馆 CIP 数据核字（2020）第 213338 号

领导力变革的九个关键

LINGDAOLI BIANGE DE JIU GE GUANJIAN

著　者 | [美] 彼得·山克曼
译　者 | 程慧敏

出 版 人 | 陈　涛
策划编辑 | 周　磊
责任编辑 | 周　磊
责任校对 | 凤宝莲
封面设计 | 私书坊_刘俊　张俊香
版式设计 | 赵芝英
责任印制 | 訾　敬

出版发行 | 北京时代华文书局 http://www.bjsdsj.com.cn
北京市东城区安定门外大街 138 号皇城国际大厦 A 座 8 楼
邮编：100011　电话：010-64267955　64267677
印　刷 | 三河市兴博印务有限公司　0316-5166530
（如发现印装质量问题，请与印刷厂联系调换）
开　本 | 710mm×1000mm　1/16　印　张 | 15　字　数 | 213 千字
版　次 | 2021 年 6 月第 1 版　印　次 | 2021 年 6 月第 1 次印刷
书　号 | ISBN 978-7-5699-3929-3
定　价 | 49.80 元

致谢及赠言

这本书呈献给大家，我的写作离不开那些优秀的人的帮助。

在写这本书的过程中，与我的笔友凯伦·凯莉互通书信是一件很有趣的事情。注意力缺陷多动症让我在一些事情上受挫，是凯伦一直在帮助我，谢谢你。

十分感谢Vocus公司的比尔·瓦格纳和里克·路德曼两位先生。你们一定想不到，你们在收购我的公司的时候所做的努力给了我写这本书的灵感。当然，我还希望世界上其他公司的老板们，都能像你们一样善良。谢谢你们。

一如往常，我还要感谢我亲爱的爸爸、妈妈、艾伦、卡罗尔、艾米，你们一直在问："书写得如何了？"谢谢你，泰，能在我写不下去的时候，一直听我唠叨。

我还要谢谢我的助手和私人生活助理梅根·沃克。谢谢你四年来给我的帮助，对我不离不弃。谢谢你在我遇到职业困境的时候，为我提供避风港。

最后，我要将这本书献给我的妻子基拉。没有你和我们即将出生的儿子（这本书出版的时候他也该出生了），我的生命将会变得虚无。祝愿每个人的努力都能让他快人一步。

目　录

CONTENTS

第一章
做一个好人到底有什么好处？

若想改变世界，首先改变自己。

——甘地（Gandhi）

NICE COMPANIES
FINISH FIRST

前不久，我在机场柜台排队办理值机手续。过去的20年里，乘飞机出行的体验变得越来越差。这曾经是一种尊贵的、令人兴奋的体验，如今却变得差劲又令人失望，更谈不上便捷和舒适了。所以即便看到面前这个西装革履、相貌平平的男人开始发脾气，比起那种特别烦人、喜欢吃糖的三岁小孩，都有过之而无不及时，我也一点都不觉得意外。我想你之前也见过，喜欢发脾气的人不能为所欲为时的样子。航空代表竟然不认识他？他应该想坐哪儿就坐哪儿。为什么不能给他升到商务舱？这次航班上的人都是浑蛋。他可是重要人物，要去开一个重要会议。票务员听着他的长篇大论，表情泰然自若。

强有力的领导者，往往会成为他们所寻求的改变的典范。

我们时不时地就会遇到这样尴尬的场面。这种时候我就只是摇摇头，翻个白眼，跟票务员对视一下。同行的乘客没有一个人觉得票务员有错。她只是按规矩办事，她也会有她的烦恼，比如付账单、应付恼人的上司或者正在步入叛逆期的“熊孩子”。而这位发飙男完全没有考虑过这些事情。于他而言，眼前的票务员并不是一个人，而是发泄他那微不足道的恼怒和失望的出气筒。事实上，票务员自始至终都极有耐心，彬彬有礼。很快她就把他的事情处理完了，而他走的时候还在大声抱怨。

“好吧，真让人不爽。”当我走向前的时候，笑着跟她说。“你没把他的牙齿打下来已经很仁慈了，”我笑了笑，继续说道，“祝你接下来的一天心情愉快。”

“十分感谢，山克曼先生，”她也冲我笑了一下，说，“那我今天有什么能帮到您的呢？”

“帮我值机就好了。幸运的话，你今天不会再遇到刚才那样的蠢蛋了。”

就这样，我被升了头等舱。

经验一：好人有好报。

经验二：尽量站在一个自以为是的人后边，这样你的善意就会被他人无限放大。

善意不可能被制度化或者“公司化”，它源于公司高层，并在一个地方扩散。

我们再看另一个故事。我的一个同事，她为一家大公司工作了20多年。从工作的角度来讲，这可以说是全部职业生涯了。她的女上司刁钻苛刻，管理风格决定了她的上司是什么样的人。她的上司会让团队里的人针锋相对，导致手下几乎都互不满意。不仅如此，她的上司还常常随意辱骂手下。从一个主管嘴里说出那样的话显得极为难听。

有一天，她要求我的同事把另一个部门做的报告重做一份。我的同事接受任务，用尽全力去做。“我对这份报告胸有成竹，”她说，“但当我给领导看的时候，她不仅没有夸赞，甚至连声谢谢都没有。她的上司竟然说‘你这个做得不怎样啊’。”领导说的是我朋友在报告中新增的一段分析。“这些东西我已经做了20多年了，”我的同事告诉我，“即便我早就不做这种工作了，但它们也已经深深地刻在我的脑子里。”她的分析见解独到，我的这位同事如今已经是一位成功的咨询师了，在市场上炙手可热。

“有一天，我正在工作，我的前上司在脸书上给我发送了好友申请，”她说道，“我就想，好吧，我还挺好奇的。但我不由自主地就会回忆起，她曾经是如何对待我和我的同事们的。我发了一条状态，是说过去有多糟糕的，没有提她的名字。虽然她意识到了，也向我道歉了，但我还是觉得她的道歉很假。更有趣的是，我的好多脸书好友都在这条状态下回复，反响极其强烈。我们之中有太多人被自己的老板伤害过，但我们却还是想信任他们。”这样的故事并不稀奇，一个心地恶毒的老板会影响很多人。不同之处在于，今天我们能够把这些经历分享给所有人。

这些现象让我有所思悟。一直以来，作为一个创业者、一个CEO、一个热衷于研究品牌和营销的人，我习惯于以一种商业眼光审视生活。在我看来，虽然在商业领域有大量心狠手辣之人（这并非无稽之谈），但善良的人往往能取得更大的成就。尽管传统思维告诉我们，坐在这样一个大办公室里，你必须变成一个冷血无情的浑蛋才能成功。换句话说，在当今，越来越多善良的人获得了胜利。这也是为什么，我总会花时间跟某个人见一面，哪怕只有五分钟，你无法猜测这五分钟会将你们带到什么地方，这五分钟又会产生什么样的结果。但你要明白，这并不意味着我会被别人利用。我常常会笑着告诉别人：“我很乐意回答你的问题，但请不要让我帮你写你的营销方案。”为人善良和被人利用是两回事。优秀的领导者深谙其道，并能以此作为工作准则。

观察那些成功的公司，你就会发现它们有良好的氛围，所有员工都能互相礼让，开心工作。善意无法被机制化或者“公司化”，人力资源部门在制订管理结构的时候，从未想过它能催生出一种众人合议的风气。这种风气必须自顶层开始，再由经理人、管理者、职员等层层向下传递。当然，反之亦然。

我不只是在论述如何让你的公司成为业内最佳，超额完成业绩，或者是赚得盆满钵满。首先，善良的CEO们可以，也的确会塑造伟大的企业，他们会给公司带来巨大收益。举几个例子，比如维珍集团董事长兼总裁理查德·布兰森（Richard Branson）、Adobe首席执行官尚塔努·纳（Shantanu Narayen）、美国运通公司董事长肯尼斯·切诺特（Kenneth Chenault）等。从我在机场的故事中就可以看出，较之阴险的竞争者，善良的人拥有持续的竞争优势。类似的场景每天都在上演，有的CEO们会对助理大吼大叫，有的拒绝回答股东提问，有的克扣员工福利，有的视股东和社区如无物。

越来越多的调查显示，一个令人厌恶的老板会抑制生产力，从而导致企业利润减少，市场占有率下降。佛罗里达大学的研究人员发现，对那些喜欢辱骂员工的老板来说，他的员工会更容易迟到、疏忽职守，甚至会常常请病假。佛罗里达州立大学商学院管理学副教授韦恩·哈奇瓦特（Wayne Hochwarter）和他的同事，就上司的待人方式这个问题采访了来自不同行业的700位调查对象。

结果不容乐观：

> 31%的受访者表示，他们的上司曾对他们采取过“冷处理”。
>
> 37%的受访者表示，他们的上司不能及时对员工表示赞扬。
>
> 39%的受访者表示，他们的上司不能信守诺言。

27%的受访者告诉采访人员，他们发现他们的上司在其他雇员或领导面前说自己的坏话。

24%的受访者表示，他们的上司曾侵犯自己的隐私。

23%的受访者指出，他们的上司会通过指责别人，来掩饰自己的错误或者缓解尴尬。

研究人员指出，这种雇员和管理者之间的欺侮关系，会使工作人员更容易“筋疲力尽、工作压力大、紧张、抑郁和缺乏信任感”。这样会使员工更不乐于承担额外的工作任务，比如工作日或周末的加班，对工作的满意度也会下降。

除此之外，如果薪资水平不足以吸引他们的话，受欺侮关系影响的雇员们更容易提出离职申请。这就验证了那句格言——离职是因为老板，不是因为公司。

从根本上来讲，一个公司最为重要的竞争力在于其强有力的管理者们。比起科技、金融、运营还有其他要素，领导力必须雄居榜首。“善良的”CEO和管理者就是最好的领导：他们把公司经营得蒸蒸日上，吸引忠诚且富有创新性的员工。较之他人，他们可以让公司面临更少的法律和监管困境，拥有更理想的人际关系。他们的工作能力更强，甚至他们的健康状况也比那些坏老板更好。这一切都有理有据。

在本书中，我会明确九项“善良”的特征。我与数位总裁、创业者和其他领导层交流之后，发现他们身上都有这些特点，而且这些人也通过积极地展示出这些特点，对公司产生了十分有益的影响。我希望我所做的能够鼓励新生代的公司总裁、管理者和创业者，使他们乐于拥抱内心的善良，并将其烙刻在自己的商业人生当中，说不定还可以让那些喜欢乱发脾气的人收敛一点。

继续读下去吧，让我们一起来探讨一下这些特征，你身上是否有其中一点或几点优良品质或者是警示特征？你觉得自己是一个“好”老板还是“坏”老板？重要的是，你的员工们是怎么想的呢？

最后再讲一个故事。几年前，我正坐着跟一位公司总裁聊天。这时候，他的行政助理走了进来，手里还抱着200页刚整理好但没装订的文件，却不小心被卷起来的地毯绊倒，重重地摔在地上。接下来的十分钟，这位总裁就穿着他那身价值上千美元的西装，跟他的助理一起坐在地上，收拾整理那堆文件。后来我们一起整理好了那些文件，结果如何呢？没出什么问题，没有责骂，没有人自尊心受挫。那位总裁的公司营业收入在600万美元左右。

坐在地板上整理文件，对老板们而言不是多坏的事。

第二章
成为一个浑蛋的九个预警

有些人，他们走到哪里，哪里就有欢乐；还有些人，他们一旦离开，人们就有了欢乐。

——奥斯卡·王尔德（Oscar Wilde）

NICE COMPANIES
FINISH FIRST

你为什么会读这本书呢？是因为你觉得自己的阴暗面有时候会占据上风，还是说你一直就很阴暗？是因为你想要确认，目前你公司的领导阶层处于最佳状态，能够带领你的公司走向下一个十年；还是因为领导层出现了问题，你想出面解决，或者跳槽到另一家更适合你的公司？这些都可以成为你读这本书的一个绝佳理由（相信我，肯定会很有意思的）。欢迎来跟我一起探讨。

在我们开始介绍那些让领导者们闪闪发光的优点之前，可以先花一点时间了解一下那些令人厌恶的领导者都有些什么特点。这些招人烦的浑蛋足以逼疯员工，为公司招致难以承担的风险，对待股东态度恶劣，或者说他的言行就足以败坏商业形象。如果你所在的公司出现以下九种情况，你就要警醒，目前管理公司的人是一个无可救药的浑蛋。如果你愿意自省，对号入座的话，这些警示会告诉你，你就是这样的浑蛋（或者你正在变成这样的浑蛋）。请对照下面的诊断清单，反思一下吧。

1. 一个听不得不同意见的独裁者

独裁者们会因为缺乏安全感，或者骄傲自大，也可能两者兼而有之，而排斥不同意见；他们仅有的几个好友所给予他们的忠诚，也完全是出于恐惧，而非真正的友谊。这也意味着，他们的好友随时可能做出改变弃他们而去。这就会导致团队交流效率低下或者员工热情减退，其他雇员或合伙人会因为不想被老板骂，而隐瞒事实甚至是撒谎。管理层之间的互相诽谤也逐渐常态化、公开化。最后就会导致工作环境变得极度压抑，缺席会议的人越来越多，人员流失越来越严重。

2. 不关注员工反馈

反馈，又称“全方位反馈”，让员工可以对工作环境方面的大部分问题，进行一种保密式的匿名反馈，同时也可以接受包括上级、同事、主管领导在内的所有人的反馈。一个领导如果不关注自己手下的员工对管理者和领导层有何看法的话，他们就不会关心人事问题，因此也就不会关注改善当前的员工关系。你并不需要高薪外聘一个顾问，来专门做反馈项目。好的领导者往往会有恰当的方法，用来考察和解读员工对于管理方面的优缺点的看法。

3. 公开偏袒某一方

如果老板让一些人早下班，却让一部分人（也可能是你）留下来打扫卫生，你会喜欢吗?

当你看到老板跟你的某个同事，在虚掩的门后低声聊着八卦的时候，你会怎么想呢？我敢说我们所有人都曾经历过这样的事情，然后嘴上会骂一句“去他的”。还有比这更糟的，你有时候会看到期权、奖金等福利待遇，跟某些完全靠主观评判的个人表现挂钩。致力于向高管提供咨询的CEO公司创始人罗伯特·谢尔（Robert Sher）说过：“当个人因工作成绩受到嘉奖，且这份嘉奖给予的标准是透明的，人人机会均等的话，优待就是好事。

但如果特殊待遇的标准不透明、不明确，工作氛围就会因此而恶化。”

4. 资源浪费或者资源分配不统一

如果一个领导者给某个部门或单位划拨预算，是因为偏爱该部门或者该部门是权力重心，而不考虑实际的商业需求、创造力或者是业绩表现，那么他就是在单纯地浪费资源。你觉得这样做带来的恶果会在多久之后显现出来呢？

5. 荒岛老板

不称职的领导者不在乎当地社区，不雇用当地劳动力，也不会加入当地社区的分支机构。而且，他所提供的服务或货物，均不会对当地或全球的居民，或者是环境产生积极影响。

6. 空中楼阁式的幻想

帝国缔造者们相信，只要他手底下的人够多，他的预算够充足，他升职的机会就会越大。这种管理方式，往往会导致一场恶性的地盘争夺战，会对生产力、创造力以及工作环境的和谐度产生极为恶劣的影响。同时，这还会造成部门内部或部门之间的管理多层化，管理层迅速膨胀。

其结果就是一事无成，因为大家都忙着厘清分工，在工作清单上打钩。如果你恰好要打击这样的一个竞争对手，算你走运。

7. 说得多，做得少

你不能只顾着侃侃而谈，而要将这些想法付诸实践。当所有人都只说不做的时候，普通员工的理想就破灭了。他们就会开始刷网页、网购，在上班时间聊天，因为你正在忙着空谈，顾不上管他们。作为管理层，你们把预算和时间，浪费在一份又一份毫无用处的报告上。这会导致团队走向分化，员工对工作丧失兴趣。对此，谢尔说：“别让做不出成果的人负责管理。”

8. 认为对手比自己的团队优秀

那些认为团队里的每一个人都是为自己工作的管理者会给团队精神带来负面影响。当某次会议出现了以下现象的时候，你就该警觉了。参会人员要么互相争执、互相挖苦，要么就是自顾自地只看手机。判断的标准在于“我在这里的意义是什么”？仔细想想后，很多员工就会发现答案很明确：没有意义。

9. 危机重重

你应该知道善加利用，好的危机就会是机遇，但你也应该知道，长期人为地保持一种危机心态会让人崩溃。如果你的员工需要花费大部分时间用来解决危机，那么当危机过去，团队也就不复存在了。危机是会让人兴奋，但危机也的确很耗费脑力和精力。

解决问题的第一步是承认问题的存在。上述九个特征，有几个能在你的公司或者是你身上看到呢？赶紧行动起来，纠正这些只有无药可救的浑蛋才有的毛病。

第三章
关键一：理性的利己主义

未来没有保鲜期。在未来，领导者需要不断学习，要能够精准清晰地对他们的行为产生的道德和伦理后果做出判断，并且能够理解工作的目的和社会组织存在的意义

——沃伦·本尼斯（Warren Bennis）

宇宙会以它应有的方式展开。

——《寻堡奇遇》（*Harold and Kumar Go to White Castle*）

理性的利己主义，意思是你的所作所为，会给你的所有委托人带来好处。这也是我要讲到的企业管理者的一切优点的基础。这一特点代表了人类的天性与策略性思维的完美结合，因此这是一个极为重要的概念。说它是人类天性，是因为利己主义本身就是一股强大的力量；许多杰出的心理学家和精神病学家都宣称：我们日常所做的决定，都建立在对自己有利的基础上。专家说，就算是我们去安抚一个哭闹的婴儿，也是为了让我们自己舒适一点，因为我们听到哭声会感到烦躁。与此同时，理性的利己主义还具有策略性，因为只有当我们将满足他人的需求视为帮助自己的时候，社会才会变得更加文明，许多人际纷争也就不复存在了。这就是理性的利己主义。这个概念的存在由来已久，在如今这个透明度极高的世界中，这也是一条明确的成功之路。

早在1776年，英国经济学家和哲学家亚当·斯密（Adam Smith）就在《国富论》（*Wealth of Nations*）一书中，明确指出了理性的利己主义的好处。

斯密写这本书的目的，是想推翻当时盛行的重商主义思想。重商主义思想认为，财富总量是固定的，就像一个蛋糕只能被分成固定的几份。在这样一个有限的世界中，实现繁荣的唯一途径就是囤积黄金和对境外货物征税。换句话说，个人无法通过自身努力创造财富，只能从别人那里强取豪夺。也就是说一个国家应该将自己的货物卖给其他国家，却不能与之互相贸易。最终的结果就是各国深陷报复性贸易战的泥潭，国际贸易受阻，个人的富裕和国家的繁荣就无从谈起了。

斯密的核心论点是，人类总想争第一的天性是社会繁荣的根本。这一原则的关键要素在于，斯密相信一个国家若要实现广泛繁荣，就必须具备三个特征，其中之一就是理性的利己主义。他举过一个很有名的例子，当地的肉贩并不是出于一种利他主义考虑才售卖肋眼肉的，而是因为卖给顾客一份质量上乘的好肉，他可以从中获取高昂的利润。如果他卖的肉质量不好，或者已变质，顾客就不会再想从他这里买东西了。按照顾客能接受的价格，将一份质量上乘的肉卖给顾客，是符合肉贩的利益的：双方都从此次交易中获益。斯密相信，长远考虑会让大多数商业模式拒绝欺骗消费者的策略，那些欺骗消费者的公司最终都关门大吉了。对于那些不知道出于什么原因，想要欺骗消费者的公司，政府管制会阻止他们，或者是会对他们的欺骗行为做出惩戒。

最终还是一位法国人发现了美国人思维中的理性利己主义。1835年，亚历西斯·德·托克维尔（Alexis de Tocqueville）在他的《论美国的民主》（*Democracy in America*）一书中指出，美国人会自愿加入某些商业性质或者其他类型的协会，谋求团体利益的延伸，从而为自身利益服务。

如今在大学课堂上，这本书依然拥有广泛的读者群体，也会被当作指定阅读书目。托克维尔将理性的利己主义概括为：

与之相反，美国人会热衷于以一种被正确理解的利益原则去解释他们的日常行为。他们会扬扬得意地展示智者的个人认知是如何促使他们互帮互助，并让他们乐于牺牲一小部分个人时间和财富，来为国家谋福利。我不认为我们比美国人更坚信个人主义。但我们与他们的区别在于：他们的个人主义是理性的，我们则不是。每个美国人都会通过牺牲一小部分个人利益，来保全其他利益；我们则想保住全部利益，最后常常是所有利益都不保。我身边的每一个人都喜欢用格言，或者先例，来告诫当代人有用的就不会错。

（《论美国的民主》第8章：美国人以一种“正确理解利益”的原则对抗个人主义）

因其社会和政治环境，托克维尔的发现具有重要意义。作为一个政治家和历史学家，他受教育的时期，恰好处于法国政治革命纷争四起的年代，彼时的法国中央集权政府手段强硬。法国大革命伊始，他的父母就被抓进了监狱，他的外公和一个姑姑被送上了断头台。那个时候的法国君主和政界精英们将所有的政治性社团视为国家的威胁。而当时的美国，各地盛行自由主义，政府鼓励个人组建社团，表达需求与盼望，解决共同问题。托克维尔说过，人们如果失去加入联盟的自由，就会对共同实现群体目标这件事表现出迟疑。其结果就是，一个流动的公民社会就会很难维系下去。

托克维尔论述的是民主程序的存续，在商业经营上的道理也是类似的。那些能够在公司里营造出一种氛围，让员工感到他们正在为一个共同目标努力，且这个目标会让所有人获益的领导者经营的公司，会不断地发展壮大。但一个独裁者管理的企业就不会，也很难有机会做得出彩。

有人会好奇，对于安然、世界通信、泰科、联合电脑和伯尼·麦道

工，并改变了公司产品的供应链。2002年1月，他因为谎报业绩被罚款1 500万美元。在Sunbeam辞退他之前，他还成功把公司搞破产了。

人们有理由害怕他。邓拉普的阴暗面是十分恐怖的。他曾跟他的第一任妻子说，他想知道人肉是什么味道，为了羞辱自己的父母，他没有参加双亲的葬礼。他手下的员工，都竭力避开他，因为此人随时都有可能骂脏话。约翰·A. 拜恩（John A. Byrne）在《链锯：臭名昭著的艾尔·邓拉普与这个不顾一切代价的时代》（*Chainsaw: The Notorious Career of Al Dunlap in the Era of Profit-at-Any Price*）一书中写道："邓拉普最坏的时候会变得十分恶毒，甚至是暴力。行政人员说他会把纸张、家具扔得到处都是，用手拍桌子，把水泼在桌子上，冲管理人员大吼大叫，他嘴里冲出来的气流，甚至能把管理人员头上的头发吹起来。"

邓拉普也会对他的员工进行威胁，或者让他们之间形成同事竞争。这还不算最坏的，比如他会以一种很不公平的方式，比较手底下员工的表现，和他之前管理过的其他公司的员工的表现。如果员工业绩表现较差，他就会把团队打散，并且威胁他们说："我手上有上千份简历，这些人甚至愿意免费为我工作。"人们很快就不再跟他说实话了。邓拉普残酷的野心、摧残人性的无情话语、极度的自私主义最终导致了他的审计丑闻，使他落了个被免职的下场。

不幸的是，邓拉普这样的人一直存在。不过好在现在的社交媒体，让这些人很难像过去一样维持自己的个性。你只需要在谷歌上搜索"Christian Bale and freak out"（克里蒂安·贝尔式恐吓）或者是"Mel Gibson and rant"（梅尔·吉布森式咆哮），就能发现，当今世界，每个人都可以成为一个自媒体记者。这就让像"兰博"一样的CEO们不像以前那样容易掌握权力了。因为某个人可以在任何时间点，在手机上点击"录像"，记录完整个事件发生的过程之后，点击“分享”即可。这样的报复所能引起的后果，堪比员工在网上发布一段罪证视频。对于普通员工来说，如果能够让公司和股东摆脱一个令人生厌的CEO，被炒鱿鱼也没什么大不了的。因此，这不会只停留在“如果”这个阶段，报复是一定会发生的。董事会不可能让邓拉普这种随时可能会被踢出局或者是被曝光到推特上的领导者留在公司。如果顾客们被这种人辱骂了，他们极有可能转身就去买另一个品牌的搅拌机或者面包机。没有哪个参议员或者是百万富翁乐于看见一直以来跟他们称兄道弟的某位CEO就某个宗教组织或是政治联盟发表不当言论。这样的事情已经上演过无数次了，而且在可预见的将来还会继续发生。至少在能够意识到摄像头无处不在的这一代人足够成熟，登上权力舞台之前，情况会持续下去。

然而，这里有一个悖论，那就是我们依然渴望成功，想要与他人竞争并胜出。一位理性的利己主义的领导者，会运用以下六种策略，而且这六种策略是保证个人在成功的同时依然保持正直的关键。他应该：

（1）创造一个安全负责的领导体制。当事情失败的时候，他能够有底气说出“我错了”。

（2）投资个人成长与发展，这样可以唤醒员工理性的利己主义，从而实现全球商业收益。

（3）在做出重大决定之前，要提前咨询那些可能会受到影响的人。

（4）寻求建议并认真听取建议，尽量不要做偏离大众期望的事情。

（5）期待事实并以一种有尊严的方式回应事实，尽管现实有的时候并不尽如人意。

（6）在事情已经无可挽回的情况下，也不能剥夺公众的知情权，这样只会对公司造成更大的伤害，使结果雪上加霜。

我发现在某些比较不景气的行业里，会有很有意思的领导者。他们会身体力行地实现理性的利己主义，他们本人以及公司和公司员工，都因此得到了数倍回报。他们富有策略的公司经营方式和员工管理方式，证明了即使你每天都在跟强大的对手竞争，你依然可以做到通情达理、自尊自爱、富有原则且在竞争中占上风。下文中提到的这些例子，就讲述了这些领导者们不难做到的创见和做法，这为那些想要培养自己理性的利己主义的人提供了十分富有价值的启迪。

保持警觉

迈克尔·汤普金斯（Michael Tompkins）是亚利桑那州米拉瓦（Miraval）度假酒店的总裁兼总经理。米拉瓦是一个顶级度假酒店品牌，位于亚利桑那州图森市北部的圣卡特琳娜山区，占地400英亩[①]。如果你觉得经营这样一个酒店是你梦想中的工作的话，那说明你对这份工作的认识还不够。谁不想在这样一个让人惊艳的地方工作呢？这里能让人放松，找到内心的平静。然而，你要记住，酒店每天都要处理一些敏感的公众问题。

当顾客们来到米拉瓦这样一个休闲场所，他们带来的不只是身边的旅行箱，他们是想从繁重的工作中暂时解脱一下，希望从疲惫中恢复过来，或者就只是想寻求一次短暂的自我放空。不论是因为什么原因来到这里，

① 1英亩≈4 046.86平方米。

他们走进酒店大门的那一刻脸上不会自动露出笑容。但汤普金斯还是认为，他最幸福的事情是迎接每一天的挑战。他说："我的工作难度很大，但我每天早上还是会迫不及待地来到这里。"

> 当我需要做出一个重大决定时，我会先想一想，这个决定会对顾客体验产生什么样的影响，对员工们会有什么影响，最后再考虑对我自己有什么影响。"
>
> ——迈克尔·汤普金斯

汤普金斯对这份工作有着充沛的热情。这源于他的领导方式，是对"平衡生活"理念的诠释，这也是这个度假酒店倡导的，用心生活的核心理念的一个方面。"我们做的每一件事，都在鼓励我们的顾客活在当下，感受身、心、灵的独特交融。"他说道，"在我们这里，对人的关注高于对商业的关注。"就像亚当·斯密故事里的肉贩一样，汤普金斯想要给他的客户提供力所能及的最好的入住体验。对于酒店业而言，重视对人的关注，绝对是十分有意义的。米拉瓦对人的关注就是对商业的关注。

汤普金斯在他的度假酒店实行的所有项目和措施，给他和公司带来了回报。从他2007年来到这个疗养温泉酒店起，他已经连续经历三次升职，随之而来的还有经济上的回报。汤普金斯所得到的回报，在一定程度上归因于他让米拉瓦成长为一个更加知名的度假品牌。2011年是米拉瓦品牌成立的第16年，也是它收获旅行杂志和网站发起的读者投票奖项最多的一年。它曾多次跻身包括猫途鹰网、《旅行+休闲》杂志、《水疗探索者》杂志等旅游网站、杂志的十佳酒店，米拉瓦的水疗会所还曾上榜康泰·纳仕公司2012年“最宜久留之地”金榜。这样的溢美之词还只是最低标准，该度假酒店老顾客带来的收入占总收入的比例高达30% ~ 50%。

因为酒店业服务的是人，汤普金斯将资金投入到员工和顾客身上，让他们感觉到他们就是品牌的一部分，这样就会获得回报。他说：“我们这里的员工和招待人员，对品牌有一种拥有感，好像这个品牌就是他们自己的。我可以去跟我的员工说，这是我们这个月的财务报表，我们的目标在这里。我需要靠你们尽可能缩减一些支出，正确地利用你们的带薪假，为创收提出新创意。通常情况下，我能在一天内收到30多条建议，因为员工们觉得企业成功与他们的既得利益相关。”

汤普金斯跟员工互相联系的这种能力，能为他的企业带来利益，同时也便于他开展总经理的工作。“传统意义上来讲，尤其是在奢侈消费行业，员工应该用某‘阁下’或某‘先生’来称呼总经理，”他说，“但在米拉瓦，大家都直呼我的名字。我努力地认识每一位员工和他们的家人。两天前我在一家丽思卡尔顿酒店用晚餐，我问服务员，你们总经理是谁。她说她不知道。”她告诉汤普金斯，这儿的总经理很少露面，即使出现了，也不会跟一线员工有所接触。“这是传统的酒店管理方式。但我现在出现了，我会深入到我的员工中间。正因如此，米拉瓦更像一个大家庭，员工们之间的联系也十分紧密。”员工流失率非常低；从顾客的评价来看，客户服务水平超过顾客的预期。

米拉瓦的利润率上涨，还取决于其创新性的客户忠诚度项目——“信任圈”。以某位顾客一生中来到这里的天数为基础，项目划分了三个层级：步行者、奔跑者和飞行者。当某位顾客来过酒店三次之后，他就会成为“步行者”会员，该等级可以获得额外的美元积分，用来兑换服务或是礼物。

当汤普金斯到访顾客所在的城市时，他还有可能亲自登门拜访顾客。你见过几个CEO会跟某个算不上“大客户”的消费者单独共进晚餐？消费者们对此项目非常感兴趣，他们努力增加自己到酒店度假的次数，来换取奖励。汤普金斯说：“我见过有的‘步行者’会员一年以内又来过四次，直接升级到‘飞行者’。”

汤普金斯还看到了脸书和其他社交媒体能给他和公司带来的好处。“最开始，我的脸书个人账户只有100个好友，现在已经有700个了。”他说道，“我的好友中大多数是商业伙伴，也有米拉瓦的顾客。最开始有人建议我，在网上最好不要把个人生活和工作混为一谈，我立刻就说，为什么不呢？我在家和在公司都是一样的，我不觉得这样做会对公司造成什么不良影响。于是我发现，我的很多顾客对我的态度变得很友好，他们觉得了解了我。当我发布了一条带狗狗去做手术的动态之后，我竟然收到了脸书好友寄来的三件礼物，他们也是我的顾客。社交媒体的确增进了我和顾客之间的友谊，这跟传统酒店的模式迥然不同，员工们总是一回到家，就完全摆脱客户服务这件事，从来不将个人生活和职业生活统一起来。最后，我丰富的私人生活资源为我们的品牌带来极大的帮助。消费者会对米拉瓦产生个人情感，在脸书上成为我的‘私人’好友。这有助于增进这种顾客的好感，也有利于提升品牌忠诚度。”

在2008年经济萧条期，汤普金斯富有策略性地使用社交媒体，为企业增加了曝光度。“我们在网站上做过推广，现在有的时候也会这么做。我们会把特价信息发布到网站上，基本上都是为招揽顾客而亏本出售的价格，因为网站会带来很大的销售量。这可以帮我们把总是宅在家里的人变成我们的常客。”

“现在我们会把同样的特价信息，放到米拉瓦的脸书粉丝页面上，该页面的粉丝量在一年内从1 500涨到了23 000。粉丝可以通过社交媒体页面直接预订特价商品，我们的特价预订也可以赚钱了。”一项专门针对脸书用户的特价水疗服务，一夜之间就会有数百的订购量。这真真切切地向汤普金斯证实了一点，那就是在他的商业模式中，网站广告的数量可以适当缩减一些了。他说：“米拉瓦的商业模式变得更加健康了，我们赚的钱可以直接用于更好的客户服务。这是商业模式里至关重要的因素。”

打造明星员工的做法，使汤普金斯作为管理者的声誉更胜，同时也给公司带来了更多的利润。“最近的一个例子是我们的一本菜谱，”他说，“那本菜谱上都是客户点餐量高的菜。”于是就有了《用心吃饭》（*Mindful Eating*）一书。“这本书十分精彩，我写的是正念减压的部分，我的员工负责菜谱的部分。当我了解了整个出版流程之后，我想为什么我们不能多出一些书呢？我跟项目团队开了一个会，告诉他们如果他们能完成图书项目，我会准许成立一个品牌，单独运营。图书项目以一种专业的方式，呈现米拉瓦的形象，让我们的知名度和可信度上升到了一个全新的层级。”结果如何呢？米拉瓦跟出版商贺氏书屋（Hay House）又签下了六本书的协议，全部交由米拉瓦的员工来做。“这不仅能使员工通过写作增加收入，还以一种十分恰当且专业的方式提升我们的品牌形象。”

开拓书籍业务对汤普金斯来说，几乎是一次信手拈来的决策。但并不是每次决策都这么轻而易举，而这正是理性的利己主义变得十分重要的原因。“当我需要做一个重大决定时，我会先想一想，这个决定会对顾客体验产生什么样的影响，对员工们会有什么影响，最后再考虑对我自己有什么影响。”汤普金斯说，“当我在考虑某个会影响到人们生计的重大决策时，我会试着跟随我的内心，不然的话，我最后肯定会后悔。我试着坐下来，把事情预想一下，如果是一个重大决定的话，我会为此休几天假来保证自己在心理上和生理上都足以应对任何意外状况。我从不会在做出一个重大决策后撒手不管。我希望了解人们对此的感觉，并保证在他们十分想表达自己的时候能随时找到我。如果他们感同身受，就更容易认可我的决定，即使有的时候他们刚开始并不同意该决定。”

经营信息保密是酒店业的传统，然而米拉瓦则放弃了这种做法，这也给公司带来了好处。“传统做法是，不要把资产收益情况告诉同行，这样才能保持竞争优势，”汤普金斯说，“但我认为越多的人知道我们的成功之处，对我们就越有利。我现在正在进行一个全球巡回演讲，我要把我们的成功之处，分享给其他想要参与进来的人。我们不会以一种吹嘘的方式宣讲，而是以一种可以帮助他人的方式进行宣讲。我会告诉大家我们是怎么做的，这又对我们产生了什么样的影响。竞争对手也可以参与到我们的公司庆典中来。我在加拿大、英国和哥伦比亚，都曾跟当地的一些水疗会所的管理人员交流过，他们中有的人问我：‘你为什么要把自己的竞争优势告诉那些也在赚这份钱的人呢？’但我相信‘更大的蛋糕’理论。在我跟他们谈过之后，其中有三个人购买了米拉瓦的服务。与同行分享成功和失败的经验，会以一种意想不到的方式提升我们的水准。”

汤普金斯还会鼓励员工去体验其他的水疗会所，感受那里的设施、服务和舒适度。“我们在年底的时候，就会选择部分接待过其他酒店或水疗会所来的客人的员工，”他说道，“这是他们应得的假期，但他们也可借此机会了解其他高端场所的经营方式。一位时薪为11美元的保洁员可以带她丈夫去感受这个国家最好的休闲会所之一，这对他们来说是一份惊喜。但是除此之外，他们还可以看到竞争对手的公司是如何运营的，又是如何对待顾客的，因为此时他们就是顾客。当他们再次回到工作岗位的时候，就会把这些感受带到工作中去。或者他们会真正地弄清楚，米拉瓦的经营之道的确十分特别。这种做法带来了更高的工作热情和卓越性，为我们的水疗休闲带来多个奖项。最后，我们的员工会对看起来简单平凡的工作产生更深层的认识。他们看到了自己对顾客的重要性。”

最能体现汤普金斯理性的利己主义的例子是他会为个人幸福留出空间。不是所有CEO都会因此而被公众熟知，或者他们并不愿意谈论这一点。他说：“我们是一个立足于创造幸福的企业，所以我自己应该做出示范。”理性的利己主义的核心理念照顾好自己，其中最重要的一点是，找到生活的平衡。这让我想起了飞行安全演示告诉我们的——请先给自己戴上氧气面罩，再去帮助别人。先照顾好自己，你对别人的帮助才会更加有效。

“我会定期做几件事情，”汤普金斯说，“我每天都会雷打不动地带狗狗去散步。因为我发现我的狗狗很期待每天出门散步的时光。即使是那天我精疲力竭，但当我看到它摇着自己的尾巴时，我的一整天都不一样了。所以我会以散步开始每一天，然后把它放回家里，自己再走5.6英里①到公司。”此外，他会参与米拉瓦的运动项目，不只是为了检验实际项目，也为了让自己在运动中获益。“最近，我邀请了安保部门的一位员工跟我一起参加了米拉瓦的一次徒步活动。这给了员工接触我本人的机会，而不只是把我当成坐在办公桌后边仅仅关心财务报表的总裁。”而且，他们都得到了很好的锻炼。他说，他的家里也尽可能设计成休闲会所的样式。“这样每天工作结束后就会创造一种休闲感，”他解释道，“我会在我的床上铺米拉瓦的床品，把对细节的关注积极地上升到工作层面。”

① 1英里≈1.61千米。

乐于助人的货币

贝恩（PJ Bain）是供应链金融公司PrimeRevenue（简称PR）的CEO兼董事会成员。与其他高级行政人员一样，他负责公司的总体发展方向和业绩。但他内心也富有创业者精神，而且将这份精神鲜活地体现在他所经营的公司中。1996年，贝恩创立了一家备受赞誉的公司——Inspired Solution，该公司后来成长为易科软件在北美洲最大的供应商。他在PR的经历十分引人注目。2009年7月，全球经济进入低谷区，他在这个时候加入公司，并使其收益两次翻番增长，30个月增长率将近200%。“我觉得董事会很满意，”他笑道，“我加入PR的一个主要原因是董事会，这些人中有上市公司的CEO，有创业者，还有很成功的风险投资人员。我一直在寻找我们这个行业下一个增长点在哪里，他们也在关注同样的事情，我们很合适在一起。”

> 我是个人发展的忠实拥趸，因为我们所做的大部分事情，都要展示给客户看的。
>
> ——贝恩

PR的线上平台使用云计算，为全球许多市值达数十亿美元的公司连接大量供应商，沃尔沃、科尔士百货和惠尔浦公司都是该公司的客户。这些公司有上千个供应商，PR通过其银行系统提前支付货款，并在120天（或其他协议天数）期满时收回。“银行会说，我喜欢为沃尔沃提供一笔融资，然后根据风险评估以折扣价售出。这对银行来说很划算。我们会寻找价格最低的资金来源，提高效率，降低沃尔沃的成本，并为供应商获取现金做好准备”贝恩解释道。

这是一个很不错的商业模式，但是PR的竞争对手是该领域内的几个大公司，其中就包括花旗银行和摩根大通集团这两家世界最大的银行。“通常来讲，相对其他竞争者而言，当我们面对沃尔沃或者是西尔斯的CFO时，由于公司比较小，我们必须解释我们是谁，为什么他们要跟我们合作而不是其他大银行。合作时，我们总是在谈论我们有能力在某些方面做得更好、更快，这就意味着我们每天都需要证明自己。我们做的每一件事，似乎都是公司赖以生存的事情，事实上，确实如此，”贝恩说道，“如果我们要为一笔价值10亿美元的交易出具付款说明，这个说明一定要完美无缺；同样的，即使是一个幻灯片展示页面我们也需要做到完美。最终，细节可以为整个公司的市场形象代言，这也代表了我。”

贝恩实施了一些富有创新性的方法来维持公司的优势。“我们有一个用来分享信息的内部门户网站，”他说，“每季度或者每半年，我们就会从网站上选取几条建议并付诸实施。我是个人发展的忠实拥趸，因为我们所做的大部分事情，都要展示给客户看的。我们喜欢让员工用国际演讲会（Toastmasters）网站，把自己锻炼成一个更好的演讲者，我们鼓励员工寻找自己的导师。对此，我们针对每一个员工，进行非付费和付费的培训。我们唯一的要求就是，员工们需要把自己从其他教育经历中获得的知识，与同事进行分享。”

PR的另一个项目是读书俱乐部，书的内容主要聚焦在团队建设上。贝恩说：“我们现在正在读《关键交流：高风险对话中可借助的交流工具》。我们每个月会利用午餐时间开会，由一位同事来推动会议，会上交流我们读书的心得体会。”每个人都会参与讨论，而不只是那些坐在办公室里的管理者。公司会用视频会议的形式，举办全球范围内的读书会，位于伦敦、巴黎、法兰克福、布拉格、墨尔本和香港办公室的员工，也会参与其中。“公司里的每个人都说着一样的语言，他们能互相理解并互相分享信息，这是非常重要的。”正跟员工们一起参加读书会的贝恩这样说道。这对分布在世界各地的员工来说，可以创造一种集体感。

贝恩实施的所有能让不同部门的人聚在一起的项目，比如读书俱乐部和让员工了解公司理念的PrimeRevenue大学，都可以建立起一种纽带，让公司全速前进。贝恩说：“让一个全天在电脑屏幕前工作的程序员和销售部门的同事在一起待一天，他们就会有交流，就会形成一种纽带。现在他们私下也认识了，不再是让自己随便跟一个不认识的人合作了。这可能听起来是利他主义，但最后我们发现，这会让员工们表现得更加高效。”

对一个公司而言，促进这种情谊和互相理解，十分有必要。贝恩对此表现得十分严肃，他认为，成长对于公司和他个人的持续成功，都是十分重要的因素。成长也会夹杂着各种各样对员工的压力，有的时候还有风险，比如项目结果不如意、人们精力透支等。在公司不断谋求扩张的时候各种各样的事情都有可能发生。“我会寻求跟我有着同样的价值观但经历更丰富的人做我的导师，”他说，“我有工程学背景，所以我会尽可能多地收集信息，然后分析这些信息点，由此来分析某个决定是否是一个好的决定，然后再去下决心。一旦下定决心，就必须让人们参与进来；不然就不会有结果。”

PR决定在巴西设立办公室的时候，贝恩和董事会成员、同事还有职员们花了很长时间，来讨论这么做的时间点。“对我们来说，要进入巴西这样一个国家很有难度。”他说道，因为他知道，要在一个把《萨班斯-奥克斯利法案》[1]做得看起来像儿童读物的国家发展服务和销售团队，必然要经历一定程度的阵痛和水土不服。"我们聚在一起讨论，服务团队展示了这个项目会给他们原本已经工作量超负荷的团队带来什么样的痛苦等，我们试着去适应。但我们也知道这是一个巨大的机会，我们希望每个人都能了解到这个市场有多大，这对公司以及每位员工来说是多么重要。每个人都同意了，因为他们都有机会表达自己对这件事好处和坏处的看法。之后由我来解释这次行动跟目标的契合度。"贝恩完成了说服工作，公司计划以一种更快更猛烈的方式进军巴西。"最重要的是，我的工作每天都是做有风险的决定的，所以我必须为公司做出正确的决策。"

分享市场

拜伦·路易斯（Byron Lewis）是美国最早的多元文化广告机构——联世（UniWorld）集团的创始人。他的故事是诠释理性的利己主义的理想素材。路易斯发现了一个未经开发的市场，他可以创立一个行业并满足某种需求。联世集团创立于1969年，当时很少有人对黑人消费者市场感兴趣，而黑人是当时最大的少数族裔群体。路易斯说道："广告方面的生意对于少

① 又被称为《萨班斯法案》，全称为《2002年公众公司会计改革和投资者保护法案》，由参议院银行委员会主席保罗·萨班斯（Paul Sarbanes）和众议院金融服务委员会（Committee on Financial Services）主席迈克·奥克斯利（Mike Oxley）联合提出。该法案对在美国上市的公司提供了合规性要求，使上市公司不得不考虑控制IT风险在内的各种风险。

数族裔、女性等群体来说是完全封闭的。”当时有两种做法，第一是广告公司不雇用有色人种，第二是他们完全不为有色人种做广告。想象一下1967年的时候，少数族裔的媒体渠道就只有《檀木》（*Ebony*）杂志。除此之外，美国黑人了解他们同胞的消费动向等信息的途径，就只有小道消息和口口相传了。

为了自己的初创公司能取得成功，路易斯必须在雇人的时候跳出传统思维。“我很少能接触到那种既在大广告公司接受过培训、有相关工作经验，又能对这个市场有所理解的人，”他说，“我必须找到那种人，他得富有创见，同时还能向潜在客户证明，少数族裔消费市场是一个值得开发的市场。”

现在，形势发生变化了。路易斯说，基于2010年人口普查结果，包括美国黑人在内的少数族裔消费者，是目前美国消费增长最快的群体。“他们的收入增长，并且掌握了科技，这两点决定了这个行业的增长，”他说，“我经常能感觉到，在这里，在这个行业从事的一个好处就是，为了取得成功，你必须对网络空间、战略思维、创业精神、策略以及销售手段有一个快速的认知。”这在今天变得更加重要了，因为行业增长的复杂性提升，经济不景气意味着联世集团必须用更少的资源做更多的事情。顾客给公司的资源更少了却希望得到同样的或者是更大的回报。

开始的时候，路易斯必须雇用一些缺乏大广告公司工作经验却有其他经历的员工。他们的这些经历可能成为解决问题的一种资源。有创造力的人是首选。路易斯说：“这些人是公司的活力之源，需要特殊考虑。”他还发现，倾听对他、对公司、对客户都是一件效益最大化的事情。“组里的人会讨论，也可能会争论。但最终，我们会找到一个完美的客户问题解决方案。我们今天还延续这样的方法——尊重观点。这些观点有的时候可能有一点荒谬、反常，有的时候就只是一个修正问题的建议。这就是为什么，分享观点始终是保证我们成功的一种制度，即使现在我们比以前做得更大，有了三个不同地点的办公室。”

如果一家公司想做得像联世集团一样，长久并且不断变强，公司的领导者就必须习惯风险。“我们所做的每一个商业决策，都可能会是一次冒险，因为我们合作的公司，对某个人群的消费伦理做不到真正的理解。”路易斯说道。他举了一个例子，他们公司曾在已有方案的基础上为7-11便利店策划了一次活动。“活动的目的是想办法维持达拉斯和休斯敦城市地区学生的上学率，这部分人大多数是西班牙裔美国人或者非洲裔美国人。这些孩子大多都需要一份兼职工作，很难始终如一地专心读书。”联世集团策划了一场“学院通”项目，该项目为保证学生能完成学业，给他们提供了在7-11便利店工作的机会，并为他们提供额外的经济援助。公司为所有参与的学生们在社区的银行设立账户，以此计算学生的薪酬。

为了项目成功运作，联世集团和7-11便利店必须跟当地社区机构和市长建立联系进行合作。合作方感到这么做风险很大，而且他们之前没有这样做的经验。“学院通”非常成功，且达到了预定目标——提高了消费者购买率，联世集团也因此能够在区域内实行该项目的7–11便利店里追踪收益和销售业绩。此外，当地媒体也对7-11便利店进行了大量的正面报道。路易斯说：“我们也可以跟踪该项目的经济价值，根据我之前从员工们那里学到的东西，它告诉了我什么对他们来说比较重要，我们可以做些什么，来提高孩子们的父母对7-11便利店的关注度。我的员工们了解这些消费者的背景。”

《广告时代》（*Ad Age*）上说，广告行业的营业额波动率很大，如果公司很小，失去任何一个有价值的客户，对公司来说都是不可承受的。维护优质客户并不断保持与小客户的联系，是符合公司利益的。路易斯分享信息的秘籍有助于实现这一点。“有的员工已经在我们公司工作了38年之久，还有几个在金融或者公关部门等工作的有创造力的员工工作年限也已经达到25年，有的还会更久一些。因为我们会不断地互相学习，这些人能够感觉到，他们的贡献是有价值的，”他说，“我尊重员工们的观点，以此鼓励他们忠于公司，高效工作。当他们看到自己的创意被采纳了，他们的职业认同感就得到了提升。”

为了保持年轻员工对公司的兴趣度和兴奋度（路易斯说的确有员工离职去大公司工作了，在联世集团工作的经历对他们十分有帮助），公司特别为从事音乐和时尚潮流等行业的自由职业年轻人设立了一个生活方式部门，该部门使得公司始终保持做流行文化创新的优势。“这还可以让年轻人跟老员工和管理层进行交流，这对双方都有好处。”他说，“年轻人的创见富有活力，但他们十分需要，也有必要跟富有经验的老员工共同工作，这样有助于他们赢得关注，得到指导，也可以保证他们高效地工作；对老员工来说，与新员工共事也是很有必要的事情，因为我们依然需要寻找一些我们在工作上可以学习的、有创造力的人，因为从事广告行业的年轻人不是那么多。”

路易斯说：“我们最近发起了一项倡议——‘联世城市博客集合’，该项目会吸引一部分主流电视频道，还有媒体行业的决策者代言人，他们会讨论这些领域内正在发生的事情，并引导政治和娱乐领域的交流。他们会就部分女性关注的议题、同性恋议题等进行讨论。”这种交流可以让联世更加了解广告客户的消费者——这也是他们要分享给对方的信息。“我们可以很直接地告诉客户，消费者是如何理解和使用他们的品牌的。这可以很好地、很真实地呈现消费者的好恶，并且提供一种追赶最新潮流的新办法，可以让我们以正确的策略呈现客户的产品。”

路易斯每天都会与他的员工和客户频繁互动。他不愿意改变这个习惯，尽管现在，他可以将这种听取信息的环节委派给他人。“我办公室的门总是敞开的，”他说道，“跟人聊天是我快乐的源泉，因为我喜欢交流。我喜欢让人们感觉到，只要他们有想法，随时都可以找我。我的员工们都很有趣，这对客户来说是很重要的。只要你每天都跟他人保持密切联系，你就能好好工作。”

关键点总结

具有理性的利己主义精神的领导者：

- 将业务视为对双方皆有益的良性交易；
- 看重每一方的既得利益，并保证每个人都有“市场份额”，并且有清醒的认知；
- 知道什么样的决策可以给自己和委托人带来长期利益；
- 尊重员工，倾听他们的想法，而非通过恐吓、威胁，以此来赢得拥护，鼓励他们忠于公司；
- 做决策时会寻求建议；
- 会对决策可能的后果三思而后行；
- 要清楚地意识到，他们一时冲动采取的负面或危害性的措施会流向外界，其对现状产生的消极影响是可以累积的；
- 培养真实性；
- 适当地关注个人幸福，并保持工作和生活的平衡；

· 期待员工的优异表现，并为此给予支持；
· 对做得好的员工要提拔，给予支持或者奖励，因为这对公司和领导层都有好处；
· 期待他人对自己诚实，自己也要对他人诚实。

第四章

关键二：平易近人

NICE COMPANIES
FINISH FIRST

我有一个朋友，我叫他乔。乔告诉我，他有一次与他们公司的总裁兼CEO共乘一部电梯的经历。这家公司是一家大型文娱公司，专门面向大众消费者制作和售卖娱乐内容。当时，他们两人位于曼哈顿中城的公司总部。这人大概也就是乔的头号大老板，他们之间至少隔着五个级别的管理者。两人电梯相遇是一次意外：这里只有他们两个人。就像有的人第一次见到明星一样，乔一开始紧张得舌头打结，不过最后他终于强迫自己打了一声招呼："你好啊。"然后总裁朝着乔所在的方向点了一下头。这之后，乔一直努力打破沉默，他也记不太清楚到底说了什么了，大概是聊了一下洋基队。那位总裁点了一下头然后就把头转到正前方，没有再看乔。

乔回到办公室的时候，把刚刚在电梯里发生的事情告诉了他的主管弗兰克。弗兰克不可置信地问道："你真的跟他聊天了？"

乔说："对啊，我们在一部电梯里，一直上到42层。"弗兰克告诉他："你不能跟他说话，大家都知道这个。"乔告诉我说："我当时就想，他是公司的总裁，又不是国王。"

后来没过几年，那家公司的股价就跌了。董事会对这位总裁不是很满意，他就出局了。我并不是说，总裁因为拒绝跟乔交谈而被踢出局。还有其他的因素，该公司在好几个领域的创新上，都比其他公司落后。但作为管理人员，这位总裁对待乔还有其他人的态度也是一个问题。那些把自己当成皇室，甚至觉得自己比皇室还要高贵的领导层，最后的结果都不会很好，如果他们打理的是一家消费者导向的公司，这种冷傲的做法会显得尤为不协调。这一类领导根本不会去理解行业发展趋势和消费者动向，也不会明白正在发生的热点事件。此外，这种行为单纯地会让人讨厌，事实上，CEO并不是国王。如果你做不到友好地对待为你工作、为你拼命的员工，那么你可能并不值得别人为你工作。

明确警示

那些远离员工、为人傲慢的CEO可能会让企业在短时间内取得成功。但是从长期看来，他们不会是一个好的领导。他们很难再有效地预见未来、管理公司以及进行沟通。CEO在电梯上升到42层的这段时间里，跟员工说说话，对他们来说会有致命伤害吗？

事实上并不会。这种领导者让员工觉得自己不被尊重也不重要，他们会以此拉开距离。他们在传达一个信息：你不配。从很多方面来看，这都不利于公司的发展。

更糟糕的是，傲慢与距离感常常与目光短浅相伴而生，还有拒绝倾听别人的意见。毫无疑问，自绝于让公司成功运转的这些人，会让管理者很快就开始做出错误的决定。即使这家公司的最高管理者手下的其他管理人员和执行主管可以接触到管理人员之外的员工，但这一点还是不可避免的。我发现远离员工的领导者们都有两个特点：

（1）他们会向员工传递消极信息，打击士气；

（2）CEO在制订决策时，会因不了解商业发展趋势而做出错误的判断。

CEO不能指望下级主管来告诉自己正在发生的情况。CEO应该自己去发现，走出去自己去感知。那些有亲和力的CEO和领导者们带领的员工工作会更加积极；那些接近员工的CEO和领导者们也会更加幸福，他们为公司制订的决策也更好。

CEO应该至少能随时找得到，这一点的重要性自不必说，但这里还有一个接触度的问题。你可能认识一些你觉得他们性格很孤傲，但实际上工作做得还不错的人。事实上，我就有一个朋友，他是一个出版商。他告诉我，他希望可以和另一家出版公司的出版商一样，“我希望我也能像他一样，从来不回电话”。

首先，我不能想象有人会想变成一个不回电话的人；其次，他并没有看到这个家伙的本质。我碰巧认识这个不回电话，或者说是不回一部分人电话的人。这个出版商认为，这些人都是对他的事业没什么重要影响的人。但这个出版商跟他的员工特别是那几位高级编辑，以及作者关系很好。对于那些他认为很重要的人而言，他是可接触的。这就是不一样的地方。

我知道，CEO不可能时时刻刻都出现在每个人身边，但是他们必须让那些最重要的委托人形成一种认知，那就是他们可以随时接触到他，而在这些人中排在最优先位置的则是他的员工们。

当你说那些觉得成功的CEO不需要高超的人际交往技巧，或者不需要让员工觉得他是可以接触得到的，请三思。你可以不做一个话痨，可接触也不一定非要表现得过从甚密，拍肩示意，开一些亲密的小玩笑来维系关系。但你必须忠于自己的个性和真诚。在可接触性方面做得比较好的领导者们都有以下四个鲜明特点：

（1）他们会对同事、直接报告人和普通工作者表示符合常理的尊重和开放，无论这些人在公司管理层级的位置离他们有多远。

（2）创造一种易于互相交流的环境，无论这些员工们来自哪个部门，是什么职级。

（3）在工作环境内营造一种平等氛围，让所有人感受到自己的工作是十分受人尊重的，而且对公司的运营很重要。

（4）尽可能多地将信息分享给公司内的人，以此显示尊重、包容和透明度。

以下五位领导者就亲身示范了这些品质，而且他们的同事和员工均认为他们可以接触、彬彬有礼、为人光明磊落。

传递正确信息

詹姆斯·斯普瑞雷根（James Sprayregen）是美国公认的专注于企业并购重组的杰出律师。他受理过的公司包括美国联合航空公司、天顶电子、A&P 超市、Conseco保险以及多家大型公司，这几个案例均属于最复杂的诉讼。《国家法律杂志》（*National Law Journal*）称其为“近十年最有影响力律师”。

> 你要一直处于一种幸运的状态。如果你能跟他人好好相处，那么看起来你变得幸运的概率又大了一些。
>
> ——詹姆斯·斯普瑞雷根

你可能会觉得，这样一个人肯定会有一个聪明的脑袋。毕竟首先要说的是，律师从不以谦逊而闻名。但斯普瑞雷根之前在凯易律师事务所的同事乔纳森·弗里德兰说，事情恰恰相反。“他大概是国内唯一一位做这项业务的律师，但他也是出了名的好脾气。我之前是凯易的合伙人，斯普瑞雷根是凯易的高级合伙人，他简直就是你理想中的老板的样子。”乔纳森说，“我刚入职的时候是一名助理，做事有些畏首畏尾、不够自信。到我离开凯易的时候，我给人一种如果我能全身心地投入到某件事中的话，我可以做到任何事的印象。我的成长很大一部分要归功于斯普瑞雷根。”

斯普瑞雷根是如何赢得下属和同事这样的尊重的呢？“首先，你要知道，律师事务所不像其他公司那样会有一个CEO，它会更分散一些，所以你不可能单纯通过假装‘命令并控制’来领导别人。唯一的办法就是，你的领导方式要让被领导者自愿去跟随，这就意味着你跟被领导者之间需要互相喜欢和尊重。”

斯普瑞雷根对他人的尊重，可以通过他对待员工的态度体现出来。这是其他CEO，包括那些不乐意跟员工说话的领导者们，可以好好学习的地方。

“在律师事务所，我们的‘资产’每到晚上就会登上电梯下楼，”斯普瑞雷根说，“我们‘出售’的就是‘人’，所以这也是我们需要成功的地方。人们需要受尊重，变得开心并且每天都有工作的欲望。这就是我们培养的东西，在这样一个竞争的环境中不断寻求平衡。我告诉年轻的助理们，善有善报，记住这一点对他们的为人处世是有好处的。我认为待人接物应做到进退有度，不论在我面前的这个人是我的员工，还是大街上兜售商品的小贩。要做到这一点并不难，我不相信人的行为会因为压力大而受到影响。别人付钱给我们，就是要我们在面对压力的时候保持冷静。如果我们因为压力而崩溃，那么对我们的客户来说，我们就还不够优秀。情绪在我们这里应该是逢场作戏，而不是真实的。”

即使是在律师事务所这样一个高压竞争环境下，除了表现出尊重、友好并期待别人投桃报李以外，凯易还会为员工提供导师和教育项目，把新老员工组织到一起进行部门学习。这样，每个年轻助理都能有机会认识高层领导者。年轻人会学到更多的东西，他们还能跟高层领导者建立一种长久的友谊，这对他们以后的事业是有益的。公司不只是要帮助客户，而且要培养一批能带领公司走向未来的精英。即使某一天助理们离开了这儿，去了其他律师事务所，他们在这里学到的为人处世之道也会跟着他们，无论他们以后的职业生涯会如何发展，对律师事务所的认可也会与他们如影随形。

Vocus的实用性：只要你着手去做，他们自然会来

里克·路德曼（Rick Rudman）是Vocus——马里兰州一家市值过亿的公关软件公司的CEO。他十分平易近人，不论是对管理人员还是普通员工，他都会以一种全新的方式保持开放。他建造了一个非常具有艺术性的办公空间，采用小镇的格局。这里的人际关系也是一种小镇关系。路德曼说：“人们会觉得，在‘街上’停下来和我聊几句是一件很自然的事情，我也这么觉得。”

Vocus的办公室曾是一个占地9 000多平方米的废弃仓库。他们对其进行了改造。现在这个小镇配备了咖啡店、音乐商店、美发沙龙主题会议室、

一个从不下雨的“花园”以及各种可以让员工们不需要离开公司，就能远离办公桌，寻找灵感的好去处。

> 我们一生中有三分之一的时间都在工作，我们所做的任何能让办公空间变得舒适的事情都是值得的。
>
> ——里克·路德曼

路德曼表示，在一些传统公司里，员工要想跟同事们聊聊天，寻求须臾的安静、平和，都必须离开办公室到星巴克，或者是当地的一些咖啡馆里去。员工们离开办公室的这段时间是最高效、最富有创造力的一个时间段。“我经常听他们说，”路德曼说，“员工们离开办公室到外面工作，是因为他们觉得自己在办公室里会被打扰。但在小镇里你不需要出去，你可以在这里找到片刻的宁静。”

在这样的环境里，只需要一杯咖啡或者一顿午餐，就可以为不同层次的员工创造新的交流机会。路德曼说：“当你走在小镇的主路上，你就会很自然地融入人群中，然后跟他们聊天。这就是我们打造这样一个地方的目的所在。创造一种便于融入他人的环境，这些人可能是你在一个普通的工作日里，或者是坐在办公室里工作的时候没办法接触到的。”这是一个处于工作环境内部的社会环境，这种环境可以提高工作效率，增强员工的创造力并能够促进相互尊重。

路德曼说道：“当然，当有人问我为什么厨房里没有可可软糖（Tootsie Roll）时，我的确会想，嗯，是这样的。但是我们目前的投入收到的回报已经很大了，所以我们完全不担心这些偶尔出现的不合时宜的误导性问题。”

得益于这样一个办公场所，Vocus的营业收入和利润均稳步增长。路德曼补充说："我还认为目前这种舒适度部分源于这种办公室布局。Vocus的员工呈现年轻化趋势，我们的平均年龄是31岁，而我已经50岁了，所以我必须保持创新的惯性。因此，很多新来的年轻员工，会对我们的做法有一些或好或坏的预期，我们的这种布局促进了公司的发展。"

路德曼的合伙人于15年前最早提出这种小镇办公室的想法。"我们当时在做一次头脑风暴，思考我们如何把这个在墙上打洞造出来的办公室变成理想的样子。几年前，我们开始着手动工的时候，恰逢社交媒体开始迅速发展，我就开始考虑一种社交办公室的概念，想象它如何让人、观点、信息更好地联系在一起。我当时就想我们这个小镇办公室的点子应该先搁置一下。"

办公室布局构思大约花了一年的时间，策划又用了四个月。Vocus的这个办公室方案源于佛罗里达州的新规划社区，该社区名为"海滨城"，当时也叫"新城市主义"。"我之前去'海滨城'度过几次假，印象特别深刻，"路德曼说，"当我决定落实这个小镇办公室的时候，很多灵感都取材于'海滨城'的规划模式。"

在建造办公室的整个过程中，路德曼一直与员工们保持闭环的反馈，他们有一个员工社区来负责此事。"我们会听到各个部门的反馈，大家一起分享现状并让员工们了解最新信息。我们还张贴了一张新办公室的草图，在边上放了一个报事贴，很快草图上就粘满了上百条意见，其中很多意见最后都被采纳了。"

"小镇办公室刚开始投入使用的时候，我就知道效果最后会超出我的预期。这很棒。因为如果你想买一杯咖啡，你就需要站起来，离开工位，从'小镇'里的三四家咖啡店中选一家。这个时候我就可以走近他们，了解当前Vocus社区大学里每一堂课的进度。"Vocus有自己的学习和社交体系。除此之外，2007年的时候，公司还成立了两个常委会，其中一个叫“一切为你”。这是一个员工健康关怀项目，公司会拨出一部分预算专门用来引进纯娱乐的健康项目，主要有瑜伽课和健身指导等。他们在办公室内建了一个18洞的高尔夫球场。这不仅有助于改善健康状况，还有利于促进公司内部的员工交流。若非如此，员工在正常的工作日里是不可能经常遇见彼此的。这样一来，新人就可以见到跟自己完全不在一个领域的资深员工，他们之间建立关系，在这个过程中或许还有可能发现引领者和导师。

路德曼说：“我们还有一个叫作‘不止为你’的项目。”这个项目专注于做慈善，比如他们会参加“全民饮用水”活动。“我们实际参与的非营利性活动有十几个，这些都是根据员工的建议选定的。”他说。这种方式也可以将来自不同项目组、不同部门的员工组织在一起。“我坚信应该将Vocus变成一个绝佳的工作场所，只要我们对员工们进行投资，让每个人变得开心，就可能会收到很大的回报。即使没有回报，我也还是会去做。”

安全港

加利福尼亚州圣地亚哥市SDA安保公司的CEO山顿・哈珀（Shandon Harbour），只用了12个月就彻底转变了企业文化，使公司一改原来刻板、冷漠的形象，转而形成一种提倡合作、鼓励独立思考和勇担风险的氛围。她还十分注重细节，通过局部调整，大幅提振员工士气。比如，她挪走了公司里原有的饮料售卖机，然后在公司休息间里添置了一台爆米花机。

这些改变本身可能很不起眼，但具有重大意义。这是在向每个人传达一种“我们相信你”的信息。还有一个比较耗费心力的项目，叫作“奇异竞速赛”，参加比赛的员工组成团队在公司附近的街区进行类似清道夫的活动，义务打扫街道。

在山顿·哈珀刚接手公司的时候，她就问自己：“有什么方法既经济实惠，又能调动员工的工作积极性和参与度呢？我经营的公司不大，其他大公司那种给员工请保姆，还有别的一些特殊待遇在我们这不现实。我们这个行业的文化主要是由急救人员、消防人员还有警察推动的，所以还是会有一定的官僚气息。这是一种‘高领紧身衣’式的紧张氛围，在大部分时间是这样的。但是这并不意味着工作会很无趣，或者工作本身不能令人愉悦。”

所以，她跳出舒适区，决定去做点不一样的事情，尤其是利用午餐时间。“我们有‘三月的疯狂’乒乓球赛，大家可以身着奇装异服分组比试。我们还有乐队和啦啦队。刚开始的时候，有的人很紧张，‘什么？让我们穿戏服？’不过你知道吗？我们有一个技师来参赛的时候穿了夏威夷花衬衫还戴了一顶叫‘燃烧的桨’的牛仔帽，特别有趣。我们在夏天的时候办了一个读书俱乐部。这些活动给公司带来的活力是不可想象的。人们的精神生活得到了充实，这只需要从日常工作中抽出一个小时的时间来。成本低廉，收效颇丰。”

哈珀传达出的“我们都是在这里工作的人”信息，的确带来了很大的改变。“把马缰勒得紧一点，让马儿不要颠得太厉害是会容易一些。但就目前的数据来看，我们这条路走对了。”她说。听起来很不可思议吗？这么做的回报很不可思议。自从她的这些提议付诸实践以来，员工的离职率从原来的29.83%降到了14.07%，缺勤率下降了17%，月度收益环比增长13%。2011年，SDA安保公司还获得了“年度卓越工作场所”奖项的提名。

“SDA安保公司是一个家族企业，现在已经传承到第三代了。”哈珀说道。她的祖父于20世纪30年代创立了公司，20世纪60—90年代一直是她的父亲在打理公司。哈珀表示，“现在社会变了，我们必须满足员工的需求。网络也在很大程度上改变了安保业，决策量或者说是优秀决策量大幅上升。”哈珀说在她接管公司以前，她的父亲还是会事必躬亲，无论大事小情都要自己拿主意。“我刚接手公司的时候，有一段时间公司运转是瘫痪的。因为所有人都在等我拿主意。但我必须让员工有自主判断的能力。”

这件事做起来没有看上去那么简单。因为公司里一直以来都是一个人说了算。“我父亲休假的时候，所有事情就会暂停。没有了老大发号施令，整个公司的效率都会下降。”她说道。从员工到顾客，每个人都会受到影响。如果顾客或者员工不能掌控某件事，他们就会觉得很无力，进而觉得自己无足轻重。“如今这样的经营模式是不现实的。对我来说，要做这么多决定也是一种很大的负担。有的时候，厨房需要购买多少咖啡这样的事情都需要我来决定，我的办公桌上每天都堆满这样的事情。”

哈珀刚加入公司的时候，是从人事部门开始做起的。四年后，她担任总经理。“我那个时候就在为现在打基础，在运作公司的同时，也要让员工们尽可能多地去合作。”她说，“我父亲当时已经快65岁了，大家都知道他很快就退休了。我对安全保障业务一无所知，只知道这是我们家一直在做的事情。我进到公司里，发现很多人都害怕做决定，但这些人都是一些对安全保障业务有着丰富知识和经验的人，这也正是我所缺乏的。”哈珀需要这些人感受到自己有足够的能力去自主决策，自觉地去掌控工作上的事情。她还需要得到他们的反馈、指导和信息。

“我需要他们的专业知识，”她说，“我不希望任何一个人以为我想要听到的是肯定答案，就只回答我‘是’。我要做的就是确保每个人知道，我不是国王，我也是团队的一个成员。这的确花了很长一段时间，过了那段时间之后，每个人都很确信我希望他们开始自己去做决定，或者做出改变，只要他们认为这改变在程序上是有必要的。”

> 员工们看到我愿意在工作中加入有趣的元素的话，他们可能会认为：“她允许在午餐时间进行‘奇异竞速赛’这样的活动，或许也会希望我们对工作流程变更提出建议。”他们完全正确。
>
> ——山顿·哈珀

这肯定不容易。哈珀和她的一个助手——公司里一位十分优秀的运营副总裁之间的关系十分煎熬，这种状况持续了两年。“从他那里，你能得到所有准确的数字，但他是靠恐吓和威胁来管理员工的，他总喜欢把拳头敲在桌面上，也决不允许越级提拔，更没有人跟他进行交流。当时运营部门几乎是瘫痪的，因为没人敢出头。”哈珀回忆道，“我必须解雇他，这么做是对的。”他走了之后，恐惧感就消失了，运营部里每一个人都开始行动起来，那些隐藏自己才能的人也凸显了出来。“这很神奇，赶走一个人就可以让公司内的活力全部被激发出来。”她说。

从那之后，哈珀和公司里的其他人都以前所未有的热情去做更多的改变。“我们将决策权分散到各部门，这样一来，部门经理就可以在他们自己的活动方案上签字，”她说，“一旦你把决策的权限分给每个人，他们又都对核心价值有正确的理解，那么就可以做出正确的选择。事实上，他们会愿意迎接挑战并战胜它。”

那位副总裁被解雇后，还有一些变化也在悄然发生。其中一个案例就是，公司里有一个工龄达七八年的合同管理员。她的出勤率简直惨不忍睹，上班总是哭丧着脸，对同事的态度奇差。她差点就要被解雇了，档案里有好几次她不服从命令的报告。“我记得有一次，我向她询问一份关于合同的问题，她吃着玉米煎饼的早点，摆出一副‘我该看的时候就会去看的’的表情，算是回答了我的问题。”哈珀说。但新上任的哈珀不愿意这么快就放弃一位老员工。哈珀了解，在原来那位副总裁手底下工作会面临多大的压力，想试一下是不是能把这位老员工从原来的消极状态中拉出来。后来，哈珀在“奇异的竞速赛”中发现那位老员工的态度发生了变化——哈珀看到了老员工身上闪现了之前从未看到过的火花。

“我们看到她十分上心，就问她是否也能在合同程序上也做一些改变。”哈珀说，“刚开始的时候，她拒绝了，不相信我们。但我们告诉她‘你能看到我们看不到的事情’。‘奇异竞速赛’后，她就逐渐适应了公司氛围的变化，并且能提出一些问题。关于这些问题，她都说对了。她的恐惧之下隐藏着很多非常精彩的观点。”

最近还有一个员工成功劝阻了一位客户取消订单的做法。哈珀非常骄傲地说：“这位员工是一个电话客服人员，我们告诉她，‘我们十分看重你的观点。’如今她像是脱胎换骨，几个月之后，她成了公司的‘年度最佳员工’。这位女士一人负担着全家的生计。她有残疾的妈妈、失业的老公还有一个青春期的女儿。以前，她经常会冲女儿吼，但现在她在家的时候总是充满骄傲和自我认同感。”

哈珀十分欢迎来自其他行业的人才加入。“我们的一位执行副总裁，有计算机和信息技术背景，”她说，“有的时候，业内人士并不是解决问题的最佳人选。他们大多数是在大公司受过训练的，所以比较容易在某个问题上停滞不前。”SDA安保公司的竞争方式之一就是不走寻常路。比起ADT安保公司那些大公司，SDA安保公司更加注重个性化服务。“我们这个行业会有比较多的法律执行问题，所以我们需要能创新的人。行业外的人经常可以为我们带来新视角。”

最后，哈珀还会每周给员工写一封信——《哈珀想告诉你》。“管理层会写一下我们这周做了什么，”她解释道，“我们会点名表扬那些工作表现好的员工，可能是争取到了一笔大订单，或者是在一次大面积停电中成功地保障了一个客服中心的运营。我们这一周的成绩都会写到信里。这是他们参与进来的机会。”

当更大的公司的人跳槽来SDA安保公司的时候，来应聘的人都告诉哈珀，他们关心的不是薪资水平，而是想要拥有自己的发言权。他们希望自己所在公司的企业文化能够让自己信服，自己做的事情是自己相信的。“我们的飞轮启动了，我们就要起飞了。”

对人投资

希特林集团是一家位于密歇根州伯明翰市的投资咨询公司，乔纳森·希特林（Jonathan Ctrin）是这家公司的创始人兼CEO。卡拉·寇莎莉（Carla Kouchary）说：“在我来希特林集团之前，我跟希特林有过数面之缘。一见到他，我就能感觉到他是一个善良的人，这让我对跟他一起工作感到很兴奋。”当你在评价一个职业投资人的时候，善良肯定不会是你想到的第一个词，投资行业是一个压力非常大的行业，善良在这里并不是很常见。

寇莎莉说："希特林从来不会以权压人或者威胁别人，而是以一种平等的团队成员的身份接近自己的员工。他知道每个人都很重要，保持公司高昂的士气是很关键的。"

那么他是如何做到的呢？员工说希特林会在公司里营造一种让人舒适的氛围，让大家自由地提出观点表达想法，因为大家知道，自己的问题会有人回答，会受到重视。有一位员工表示希特林可以让人"保持兴奋"，他的积极预期是公司能够取得持续成功的最重要的原因。

希特林说："我是从前些年开始做投资的，之前一段时间，投资市场很不景气，很多人不看好这个行业的发展。但我有一个很棒的老板，他让那段时间变得很有趣。"当希特林完成了在摩根士坦利的投资组合之后，他创办了自己的公司。在进军金融市场之前，他曾是一位教育从业者，在学校当过几年老师，这在一定程度上或许能够解释他为什么喜欢向新员工展示投资的门道。

> 我们的价值陈述是用作市场目的的，但这对员工也是有用的。这是他们"不服从的勇气"。
>
> ——乔纳森·希特林

希特林说："毫无疑问，我现在的这些理念源于课堂，而我的商业素养则源于我的公司。有一本书叫作《开学第一天：如何成为高效能教师》，这本书是每一个新老师都要读的。书的内容主要是如何在学期初定下整个学年的基调。书中作者提出了几条颇为死板的方法，你一定要变得刻薄。如若不然，你就惨了。我当时就决定采取一种全然不同的方式。我十分坚定而且尊重我选的方式，并以这样的方式领导公司。我把这种理念也运用到业务中去，后来我发现，那些你想要吸收到自己团队中来的优秀人才，也会以同样的方式回报你。”

公司业绩不是一夜之间变得这么好的。“刚开始的时候，我在招聘人才方面的确犯了些错。”希特林说，“我花了很长一段时间，才从这件事中恢复过来，然后又去找那些理念跟我契合的人。我希望我团队里的人都坚信，金融公司应该做到透明度高，而且公司不仅仅代表着利润，还代表着更多的东西。我们想要给这个世界留下一些积极的东西。”那些只关注走形式和赚钱而不关心公司荣誉和客户服务的人后来都被解雇了。“一群跟我志趣相投的人组成了现在这支强有力的团队，他们知道如何说不，这可以让我这个CEO没有必要非得跟他们保持距离，变得严肃且专横。团队让解决问题变得简单了一些。”

得益于此，希特林集团的工作团队合作起来十分默契，且不需要严格的等级制度来进行管理。“这是一种平衡的艺术，平易近人很大一部分是建立在信任和给别人自主权的基础上的，”希特林说，“我负责管理公司的主体架构，我的团队去做他们最擅长的事情——管理投资组合。”事实上，希特林引入了一种英国标准考核表，他称其为“拦截器”，大家都把这个考核表看作一个同事。“这种表的作用就是告诉我，我哪里做错了，对我进行批评，保证我不会自我褒奖，”希特林解释道，“放手管理和从员工那里听取建议是需要信心的。”

希特林还会通过开会的方式跟团队保持联系。希特林说：“我们的会议议程是富有创造性的，每个内部会议上都至少会有一个议题是要求团队成员们找出放弃理由的，这用来让他们跳出常规思维。我们公司有大量的智力资本，我想好好利用这些资本。”会议也让每个人都有机会坦陈其想法，并告诉别人自己在想什么。

“这样做的风险在于在这样的关注下，我很容易强迫别人对某个项目投资，我可能会把别人往一种想法上推。我曾做过一些好的决策，但如果我没有这些值得信赖又有智慧的团队成员做参谋，我的决策里肯定也有一些存在缺陷。当我自己知道答案的时候，我一般会先保持沉默，从1数到10，等有人想出一个更好的答案来。”

要不是有创新性或是策略性目的，他们一般不会开会。有时候希特林还会让员工暂时放下自己手头的工作，从而避免把自己困在日常工作中。他鼓励大家到户外去散散步，参加一些社区活动。

还有一件事，对促进公司内部的联系也十分有帮助。那就是寻找一个新的更值得关注的领域。他说：“我们将业务集中在资产组合管理上，而不是试图去做一个全业务型金融公司，这么做让我们的团队合作更加紧密，我们的收益也增长了。比方说，我们不从事报税和保险产品的业务。”这不仅能降低公司风险，还让团队更加专心于提升资产组合业务的服务质量。“我们经营的投资者资产达6 000万美元，这数字可能比一些大公司的资产金额要小，但是我们做得更开心。我们的客户对这种小而精的商业模式认可度也更高。我们有两个投资组合，增长型和固定收入型，我们努力做到完美。比起以往，我们现在的工作更有意义，也更令人兴奋。”

最后，希特林承认他本身是有强迫症的，但是做一个浑蛋管理者太有压力了。他说：“通过经商，我学会了怎么放手，怎么通过范例去引导别人，让专业的人去做专业的事情。”这样做的好处可不仅仅体现在财务报表上。“这让我变得更健康，不只是我觉得，是真真切切的。我的胆固醇、血压都降低了，我的健康状况可以证明做一个善良、能找得到的老板的好处有多大。我放手的事情越多，我就能越多地参与到团队工作中，我的感觉就越好。”

桌上一角

乔尔·博格（Joel Bomgar）刚从大学毕业就创立了技术支持公司——博格公司。他把为人善良变成了公司企业文化中的关键要素。他的大学同学和他共同创立了这家公司，现在是公司的首席战略官。博格公司成立之后两年内招聘的人，有54%的员工现在还留在公司。自创立公司以来，博格就以一种开放、坦诚的态度对待每一位员工。他认为员工不仅仅是自己的直系下属，而是与自己地位平等的个体。他鼓励员工，在需要的时候可以远程办公，要注意追求生活和工作的平衡。博格公司是一个家庭友好型公司，每个员工都享有产假，还有一笔500美元的育儿补助；如果公司员工收养儿童的话，会有10 000美元的收养补助。

"我们发现从上一代人起，员工们对公司的忠诚度就开始下降了，但我们也发现现在招聘人才是一件很容易的事。因为有的人在原来公司待遇不好，或者他们的老板是那种观念陈旧的人。"博格说道。博格公司的员工会觉得在公司工作是一件幸事，在这里他们能真真切切地感受到，自己所做的事情正在改变着这个世界。"'千禧一代'会忠于对他们保持忠诚的公司，"博格说，"如果他们不喜欢老板，他们就会换工作，他们无法像他们父母那代人一样忍受某些事情。所以对那些不善良的人来说，这就是真正的惩罚。"员工们可以把公司情况发布到像"玻璃门"[①]这类网站上，在应聘某

① 玻璃门是世界上最透明的职业招聘社交网站，它通过改变传统的人们找工作和公司招募顶级人才方式，使雇佣双方都能发挥最大优势、得到最满意的结果。

公司的职位之前，也可以先在这个网站上查询这个公司是如何对待自己员工的。他们的确也是这么做的。

客户服务也是一样的。人们在跟你进行商业往来之前，可以轻而易举地查到你是如何对待客户的。“我们处在一个透明的世界里，所以你别无选择，只能变得善良。”博格这么说道，而且他也的的确确让自己的公司变成了一个有口皆碑且公开透明的地方。

> 所有人都在一个频率上，从上到下，所有人都分享信息。我很难理解，有的CEO会认为员工不够聪明，理解不了公司信息。
>
> ——乔尔·博格

“我打心底里相信，人在本质上是平等的，所以我很珍视每一位员工在博格公司所做的工作，”博格说，“这是我成立这个公司的基本理念，从这个观点出发，透明度是很自然的事情。如果你重视贡献者们，你就会希望他们知道公司正在发生什么。”博格和他的管理团队会向员工公布常规的公司动态，努力做到公开所有已经执行完毕和还在执行中的合同。博格说：“其他公司的员工无从得知这样的信息，但我们会让公司里的每个人都知情，这样一来，他们就会感觉到自己是团队的一分子。如果你只是跟员工说一些‘好好工作、相信我们’的话，工作的完成质量肯定不会达到你想要的水平。”

博格跟员工保持联系的一种最富有创新性的方式也许就是“周二午餐会”。“我每周都会坐在不同的位置，我会利用这个时间来看看一线员工的工作状态。我能真正地了解员工觉得哪些是重要的、哪些是次要的。这样可以有效地避开障碍。”博格说。这让博格有机会就那些员工不理解的问题做一些解释，还能回答他们的问题。或者就只是交流一下最近公司里都发生了什么、公司之外又有什么新闻等。午餐时间氛围会轻松一点，整个管理团队都会参加“周二午餐会”。

这在时间上很容易安排，但全公司上下包括博格在内都十分重视周二这个活动的意义。博格说道：“为了让这段时间更有趣味性，周二的时候，员工们可以要求厨师做特定的食物，可以选比萨、意面、三明治等，效益好的时候，我们还会做一些更高级的食物。”

每个月的第一个周二，博格就会走到各小组面前，如果他出差的话，也可能是打电话给各小组，告诉他们这段时间公司都谈成了哪几单生意、哪几单没有谈成、银行账户余额有多少、公司的高层战略是什么等。这种程度的透明度是很多公司都做不到的。“每个部门的同事都能知道，管理层会议上有哪些重点问题。这就提高了员工对公司经营状况的了解程度，我们会确保其他工作地点——总部所在州之外的十个州，以及其他三个国家的分公司的同事，都能参与进来。”博格说道。

他补充说：“我在第一次周二沟通时，还会把我们公司的核心价值观也进行介绍。”很多相似的价值观会强调什么是底线、如何做到互相尊重、分享观点和理性表达，以此来培养员工关系等。博格在2010年的时候推行了一个别样的反馈项目——“360度领导力”。“这个调查会把所有管理人员的名字都列入其中。员工们参考两个标准进行投票：他们的工作效率以及他们贯彻公司核心价值观的效率。我会让所有员工都参与反馈。总的来说，我们做得很不错。这么做可以让员工对领导者的行为有一种清晰的预知，他们要理解公司的文化。对那些做不到待人友善、处事公正的人，我们就不会进行提拔。这一点对我们公司的业务发展来说很重要。”

博格还在全公司范围内推广了一个奖金计划，这个计划具有惊人的公平性和平衡性。员工每个季度都可以得到一笔额外的奖励，而且每当公司实现预定目标的50%业绩的时候，公司会拿出利润的50%作为奖金。博格的个人奖金也跟这个数字挂钩，这一点所有员工都知道。

发奖金这个目标还是很容易实现的，只需要董事会通过即可。“我跟员工拿一样的分成，我们都在同一条船上。如果有一次我们没有发奖金，我也一分钱都不会拿。从这件事上，大家就会产生一种不可思议的共进退的感觉，”博格说，“无论公司业绩如何，没人会得到不公正的优待。”

这些策略是否给公司带来好处了呢？是的。“我们的业绩现在基本上可以实现两位数增长，”博格说，“比如在2009年，我们的销售额增长率还是14%；在2010年，增长率是33%。现实状况是，虽然当时的经济形势很不好，但是我们公司却比大多数公司做得好。跟员工保持在统一战线上是最重要的。”

关键点总结

平易近人的领导者：

· 拥有一种互相尊重和待人友善的态度；

· 在正在进行的项目里，确保新老员工互相沟通；

· 会很合时宜地出现在股东等利益相关人面前；

· 表达出一种你可以随时找到他的态度；

· 保证每个人都能理解核心价值观、工作任务和预期；

· 在信息、奖金、预期和工作强度方面，能做到不偏不倚；

- 会在车间或者是办公室逛一下，而且是在大家能看到的情况下；
- 知道什么时候该安静，什么时候该让别人说话；
- 通过口头或者是信件的方式，用朴实的语言、简单的方式坦诚地进行交流，而且这种状态具有持续性，每一天、每一周、每个月都是这样的。
- 会把合作文化当成管理策略的一部分，不分级别地共同学习，可以让大家更好地工作。

第五章
关键三：善于倾听

我希望我能建立一个教导人们如何倾听的机构。作为一个商业人士，倾听和表达至少要保持同步。很多人都意识不到真正的交流是双向的。

——李·亚科卡（Lee Iacocca），克莱斯勒前总裁

造物者赋予我们两只耳朵和一张嘴巴，就是明确地告诉我们：听比说更重要。我关注乘坐飞机时坐在我旁边的乘客，因为我总喜欢跟人建立联系，然后听他们讲故事。所以我在一次航班上，认识了一位来自得克萨斯的年轻姑娘，也在别的航班上认识了不计其数的人，我把这些人都当成我的客户、同事或者是朋友。倾听是我们花最少的精力，但能做的最美好的一件事。除了对话本身就能让人愉悦以外，聊天还是一个非常有价值且极具回报性的工具。

后来，我在机场遇到的人有的就变成了我的客户，并不是因为我花时间向他们推销我自己，而是因为我用问问题的方式，让他们开口说话，然后从他们的答案里寻找信息。人们希望别人听到自己的声音，希望自己被理解。我们对此抱有渴望，通过倾听你就可以满足一个人的首要需求。

如果他们恰好是一位客户，倾听远比推销东西效果要好得多。认真倾听是一件特别好用的工具，不仅有助于学习和理解他人，还可以产生影响力。我如此坚定地想要说服你相信这一点，是因为我总是能听到很多人建议“好好倾听”，却很少有人认真对待这个建议。就像我们常听到的“多锻炼”“多喝水”一样。

为什么呢？因为倾听是一件难度很大的事情。从实际操作层面来讲，我知道他人总是要求我们做到这一点，如果你想要达成某个目标，想要前进，那你就有义务去倾听。你要做的事情有很多，你要负责财务、运营、会议和生产等。让人分心的事情总是层出不穷，而且无法抗拒。科技让我们很容易接触到这些令人分心的事情，反思一下你在会议上看手机的次数？推特，还有Shiny[①]！你有多少次因为在别人说话的时候思考别的事情，一点都没记住别人说的话呢？倾听还是一件很有挑战性的事情，因为它需要我们考虑一些我们不认识，甚至是不喜欢的人。

这其中会有一个问题，在领导力优先项清单上，倾听的排名总是很靠后。在管理研究中，倾听被定义为一项“软技巧”，与团队合作、接受批评、灵活处事排在一起。芝加哥大学布斯商学院研究企业家精神的金融学教授斯蒂文·尼尔·卡普兰（Steven Neil Kaplan）和他的同事一起，做了一项题为“CEO的哪种特征和能力更重要？”的研究。研究成果发表在《金融杂志》（*Journal of Finance*）上，主要探讨了从事控股权收购和风投交易公司的CEO候选人都有什么样的特征，并把这些特征和他们上任后的公司业绩做比对。结果发现，良好的倾听技巧和这些领导者的成功没有一丝半缕的联系。所有读到研究成果的人都会想，锻炼自己的倾听技巧完全是浪费时间。那么，有什么必要提升这种技巧呢？如果专家都说了这跟企业利润没什么关系，那快给我两团棉花吧，我有两只耳朵需要堵一下。

但是除此之外，还有包括我在内的很多人都认为倾听是一种软技巧。如果韦伯州立大学交流学名誉教授、倾听认证专家项目首席主持人李·亚科卡知道，还有这样一帮人学习如何倾听的项目的话，她肯定要激动坏了。

---

① 美国数据分析软件。

理查德·D. 哈利（Richard D. Halley）认为："倾听并不是一项软技巧，其实这是很难做到的。要想学会倾听，需要花费很长一段时间，因为好好听也是需要知识和观点储备的，不努力也是学不会的。优秀的倾听者会比不爱倾听的人在工作上花费更多精力；他们在认真听过一个人，或一群人的叙述后会消耗很多能量，会感觉到累。"这一点我可以做证。

哈利认为之所以有些人，尤其是管理层，会把倾听当作是一种软技巧，是出于他们看待交际场合的观点。"他们会觉得交流是一个人与人交互的情景。这就是为什么常有人说，女人比男人更容易成为一个好的倾听者。但这并不准确，有关这方面的观点是有缺陷的。女性的大脑更容易与情绪产生关联，所以她们在一段关系中会更容易关注对方说了什么。如果我们需要关注的事情不是人际关系，而是一些男性更感兴趣的事务，那么他也会成为一个好的倾听者。研究显示，在一次学术讲座之后进行一次理解测试，结果表明，男性成绩会更好一些。"哈利强调，如果你问一个对冲基金经理或者是公司领导者，他们是如何获得信息并保证公司正常运转的，他们会说是通过倾听获取信息，这些信息通常是他们感兴趣的，或者是跟他们生意有关系。

关于有效的倾听者，哈利的观点中还有一个很重要的因素，那就是他们不会漫无目的地听，而是会去把控一次交流。当然，说话的人可以随时停止，但站在他面前的听众可能很长时间没有在听他说话了，有意识或者是无意识地终止了这次交流。我们对这种情景存在一些偏见，但是你如果选择不听了，你就把说话的人拒之门外了。当然，这是一把双刃剑，因为如果你不再听下去，也就相当于把自己拒之门外了。

如果你没有完全投入到与客户、供应商还有雇员的沟通中你就有可能会错失很多信息。这对你个人职位以及公司在市场中的位置而言，都是一个危险信号。回想一下布莱恩·邓恩（Brian Dunn），2012年5月，他因与一名年轻女下属存在不正当关系而卸任百思买集团总裁，此时距他刚接手这个职位才过了三年。这只不过是他离职的主要导火索，在丑闻曝光之前，百思买的电器零售业务就已经出现了17亿美元的季度亏损，紧接着就是大面积解雇员工，100家店面中有50家被迫关店，这几件事情对他保住职位都没什么积极影响。

《财富》杂志记者马克·贡特尔（Marc Gunther），在邓恩刚成为百思买CEO的时候，曾对他做过一个采访。在这之前邓恩一直在百思买工作，已经超过25年了。贡特尔问邓恩他与顾客和消费者的关联在哪里。邓恩回答道："作为CEO，我的主要角色之一就是做一个倾听者，我不相信那个所谓的金字塔模型，即所有的战略性决策都是由处于金字塔顶端的几个聪明人来做。企业要全面发展，就要找到有主意、有激情的人，让他们扎根公司，关注我们的消费者关心的事情。"

从《财富》杂志的记者做这次电话采访，到百思买董事会辞退邓恩的这段时间里，那对"善于倾听的耳朵"一定是发生了些什么。如果他依然还是那个善于倾听的CEO，在董事会对此事进行调查并发出调查报告之前，他就应该能意识到，"因为邓恩和女下属不正当关系而产生的流言和猜测在工作场合会引起矛盾，并产生破坏性的影响，而且据那位女下属的主管所说，还会阻碍对下属的监督"。

没有人喜欢坏消息，所以通常来讲这些消息的声音会十分弱小，或者掩藏在某种声音之下，能听到危险信号是十分关键的。而且，人们尤其喜欢对上级报喜不报忧。你必须真正地相信，身边的人会给你正确的信息，而且当他们相信你是在听他们说话，而不是随时准备批评或者纠错的话，他们会更加坦诚。

那些不会倾听的高管就会失去包括董事会、同事、员工还有客户等各方面的信任，布莱恩·邓恩就是一个例子。他知道自己的这种不正当关系是人所共知的，他在工作场所留下了一些很明显的痕迹，董事会发现了他和女下属在工作时间利用公司设备联系的证据，无数的电邮、短信还有电话等。

缺乏倾听技巧不仅会损害人际关系，还会对决策制订、方案落实以及观点创新等方面产生消极影响。如果你不去倾听市场的声音，你要如何感知变化并满足消费者的需求呢？你要如何知道消费者的满意度呢？当然，在百思买的例子里，造成其最终经济损失的不止有消费者因素，还有各种各样的经济力量。那么，如果邓恩能够关注市场动态的话，这些损失是否可以避免呢？关于店面层面存在的问题，他是否听取了团队的意见呢？他是否给制造商一个机会让他们也讲一讲这个行业正在发生的变化呢？还是说，他已经自负到相信这些问题都不是问题了？

新泽西州前州长乔恩·科尔津（Jon Corzine），1999年从高盛总裁的位子上被辞退。10年以后，他担任CEO的曼氏金融深陷400亿美元的债务之中，其中还包括12亿美元的客户资金失踪。

科尔津声称，自己对于这笔放在一个小公司里的钱发生了什么并不知情。还有一种可能就是他知道，但他没有关注当时的事态。我也说不清这两种情况哪种更糟糕。不管是哪种情形，都说明了他不是一个好的倾听者。就像布莱恩·伯勒（Bryan Burrough）、威廉·D. 可汗（William D. Cohan）和伯尼·麦克林（Bethany Mclean）在《名利场》（*Vanity Fair*）上做的一篇报道中说到的那样："作为CEO，他发号施令的时候远比倾听他人的时候多得多。高盛的一位前同事回顾说，'这一直都是科尔津最大的问题'，'我记得，我们的董事长约翰·温伯格（John Weinberg）曾告诉过我，科尔津最大的缺点就是他不会听别人说’。”

曾经担任乐柏美CEO的沃尔夫冈·施密特（Wolfgang Schmitt）因其喜欢炫耀他拥有在繁忙之中厘清一件棘手的事情的能力而出名。他的一位前同事记得曾有人嘲讽道：“施密特知道每一件事的来龙去脉。”一位员工回忆说，在一次讨论中，大家正在审核公司此前在欧洲做的一次并购案例，施密特听都没有听就说：“我们就这么干了。”对于那些觉得自己知道所有答案的领导者来说，问题就在于，万一他们的答案是错的呢？很不幸的是，施密特就错了。在这个“全知神”一样的人物的带领下，乐柏美收益一路下滑。1993年的时候，该公司还是《财富》杂志评出的最具吸引力公司，几年以后就被纽威集团收购了。

生物科技巨头安进集团的CEO凯文·沙雷尔（Kevin Sharer）曾在很长一段时间内因其未能关注别人的言论而深感内疚。他曾这样向麦肯锡咨询公司描述自己：“无论从哪种角度来讲，我在职业生涯的大部分时间里都没能做好一个倾听者。我三十岁的时候一直都是一个傲慢的人，四十岁刚出头的时候应该也是。我跟别人的对话基本上就是在做智力竞赛，也就是‘我会证明我比你聪明’。这并不是一件坏事，或者说我多么狂妄自大；这主要是因为我是一个有追求的人，我想要往前冲，而往前冲就意味着我要让人信服我。”很多人都认可这一点，尤其是那些正在往前冲的人。当我们“做到了”的时候，我们就会习惯于用说和做去竞争，去说服别人，也就忘了我们还有另外一种方式证明自己，那就是安静地倾听，然后根据我们听到的信息制订策略。

沙雷尔是幸运的，当心怀疑虑时，他在某一刻学会了自省，并得到他人智慧的加持。他曾听过彭明盛（Sam Palmisano）的一次访谈，彭明盛在2002—2011年间曾担任国际商用机器公司（IBM）董事长兼CEO。他在这次访谈中被问到，为什么他觉得在日本工作的那段经历对他领导能力的提升如此重要。他说："我学会了只带着一种目的去倾听：理解。我在听的时候，就只是在理解这个陈述者想要传达给我的信息，而不是带着批评、反对或者说服的目的去听别人说话。"

这番话让沙雷尔醍醐灌顶，他说："因为当你成为高层管理者以后，你就很少需要去说服别人了，你要做的更多的是从复杂的信息中做决策，并激励你的同事们拿出最优表现。抱着理解的目的去听，可以帮你得到信息。但是，还不止于此，倾听还是你尊重他人的最佳表现。"

沙雷尔倾听的渠道之一是参加那些不向他直接汇报的人的会议，另一种方式就是尽可能多地阅读，包括对员工和消费者的调研报告、运营数据、分析报告、管理报告以及外部分析等。沙雷尔每年都会与排名前十的投资者面见两次，听取他们的要求。他认为股东大会的问答环节，是对企业成长最为重要的环节。"关键在于你要让自己接受各种可能，信息可能无所不在。"他说。下一步是在需要学习的内容上采取行动，这也是为什么他把倾听当作一种"基本技能"。如果你没有这种技能，你就会失败。但是，即便你有这种技能，你也不一定就会成功。如果你听到某些信息之后，没有采取恰当的举措，或者你对别人说的内容未能完全理解，没能得出真正的含义，那也不是成功的倾听。这就叫策略性倾听。

想要尝试一下类似的方式锻炼大脑，学会它只为了倾听理解吗？我一直都是这么做的：试着去校对一下你刚写好的东西，比如一封邮件或者一个备忘录等。试试倒着读的方式，从最后一个字读到第一个。这么做可以让你的大脑得到训练，学着去找错误的地方，去理解，而不是总想去攻击或是去辩论。

2009年，在雷富礼（Alan G. Lafley）卸任宝洁CEO的时候，董事会全体都对他管理和营销的能力表示认可，从竞争对手到商业记者都对他赞不绝口。在他担任宝洁领导层的8年里（没进宝洁之前，他曾是Joy洗衣液的品牌助理），企业文化从原来的守口如瓶，进行了自上而下的改革，点式开放，合作文化再到现在的创新主导。你用纺必适[①]吗？我就用。这要感谢雷富礼。在他的管理下，宝洁实现了收益翻倍，在一定程度上也归功于其令人惊异的产品开发速度能够满足消费者的需求。

他具有相当强的战略敏锐度，而且对营销和设计所带来的转型力深信不疑。除此之外，雷富礼还坚持倾听，特别关注消费者需求、消费者行为和员工创意等。宝洁的信条就是“消费者是老板”。雷富礼会自己拿主意。事实上，他也因为飞到世界各地去真正接触消费者，并跟他们交谈而著名。他会走进消费者家中，看看他们会用哪些产品，使用情况如何，又是为什么会用这个产品。对他来说，看到一位来自西班牙或者是纽约的女士，带着宝洁公司的一堆护理产品四处旅游，是最能让他兴奋的事情。跟消费者一起走进杂货店，能够帮助他了解人们在购物时是如何做决定的。观察是倾听的另一种形式。他和他的团队成员会将从这些旅行中学到的东西融入那些方案导向型的成功产品中。当你真正地看到你公司里的人在做什么，或者消费者如何使用你公司的产品和服务的时候，你就能得出很多关于他们需求的信息。这些无声的信息可以让你更加深刻地认识到当前的形势。

如果你还不习惯倾听，这的确很费时间，下面的三个案例可能会让你有所启发。这些案例说明了，全方位反馈对一个创新型企业的成功是多么

① 织物气味清洁剂。

重要。你必须培养出一种能让你在失控之前让自己保持倾听的习惯。那些能够做到策略性倾听的领导者会做到以下六点：

（1）以一种开放的心态看待偶遇。我的一生似乎就是由一次次偶遇组成的。事实上，我也在寻求偶遇，或者将自己放在一个容易产生偶遇的位置上。我遇到过很多有趣的人，从他们那里换一个角度了解了我所在的行业以及可以让我施展一技之长的业务。

（2）要有外向型意识。沙雷尔说，他学到了要以“理解”为目的去听。但要做到这一点，你必须变成那个发言的人，无论听众是一个人还是一个消费者群体。

（3）展示意图。倾听的质量如何，取决于背后的意图。沙雷尔将自己的意图放在理解说话者说出的内容上。这对他来说就是一种有意识的决定，这也让他改变了自己的习惯。

（4）延缓判断。在你还没能厘清思路之前，先不要急着去批评，或者是分享你对刚刚听到的内容的看法。这不包括无意识赞同时的点头动作，仅仅是指在得出结论之前，先要让自己有成熟的想法。

（5）问一些开放式问题。要给人们展开叙述的机会，这可以让他们更好地感受自己的感觉，也会加深你对他们的理解，这样你才能真正明白现实的情况。

（6）试着去享受生活。带着享受生活的渴望去生活，你会发现自己变得更吸引人了，人们会想要跟你说话。你需要做的就是倾听。

倾听是与生俱来的

纳奇姆·艾哈迈德（Nazim Ahmed）是CanvasPop网站的联合创始人，该公司是北美增长最快的一家帆布画印刷互联网零售公司。全球之声（Mashable）、《福布斯》《创业者》（*Entrepreneur*）、《华尔街日报》（*Wall Street Journal*）以及其他一些媒体渠道都曾对该公司及其两位年轻创始人——艾哈迈德和阿德里安·塞拉蒙维克（Adrian Salamunovic）做过报道。艾哈迈德发起了多个项目，收集改进消费者服务和提升员工体验的相关信息。这些不间断的“听来的”改进，体现在他们的产品开发和把自家产品从红海市场中做出差异的努力上。他们的这些工作回报丰厚。

自从CanvasPop为一位顾客的个人艺术作品开创了定制艺术品服务之后，其超预期的消费者体验成为公司业绩增长的重要力量，尤其是在当前越发重要的社交媒体赋予了消费者表达自己好恶的能力的情况下。在CanvasPop之前，艾哈迈德和他的好朋友一起创立了DNA11公司。艾哈迈德说：“我们每人从自己的DNA测序结果中取了一个样本，然后把它变成了一幅抽象画作。当时我们没有想到这会变成一项事业。”但在《犯罪现场调查》（*CSI*）将一个DNA片段作为剧情的主线部分之后，这个市场突然就火了起来。“我们想要持续改进消费者的体验，因为那个时候，每一笔订单对我们来说都很重要。当我们决定全职去做这件事的时候，我们会单独与每一位顾客沟通。订单也是个性化的，我们还会与他们建立起私人友谊。这就是我们的追求，一种极致的客户体验，我们把从顾客那里了解到的信息融入我们所做的每一件事情中。”他说。

顾客对此也有所反馈，当人们觉得有人在听他们诉说的时候，神奇的事情就发生了。

因为客户最常提的一种需求就是希望尽快拿到作品，所以公司就把原来外包印刷业务转变为自身业务。后来，艾哈迈德把包括整套印刷业务和DNA实验室的设备运输在内的几乎所有业务，都转变为公司的自营业务。艾哈迈德有基因学学位，在创立DNA 11公司之前，他曾供职于一家生物科技公司，从事制图系统开发和机器人的相关工作。他的合伙人是一个网页营销和设计人员，所以这个组合看起来十分完美。起初，艾哈迈德接触的所有实验室都不愿意接手这样一项业务，但最终，他还是找到了一家觉得他们的想法非常疯狂也十分有趣，并且愿意一试的公司。其中部分原因也是因为这家公司的老板是一个艺术爱好者。得益于公司的成功，如今他们在自己的工厂里就拥有一家生物科技实验室。

当客户开始要求印制一些其他图案，两人又发现了另一个商机。“我们在DNA数字打印这一行已经算是专家了，于是我们就想为什么不提供点别的服务，比如把一些很精彩的图案印到我们的优质画布上。”艾哈迈德说。这也是倾听的一种，刚开始他们是为了给忠实客户提供一站式服务，并提升客户忠诚度，后来就发展成了一个全新的公司——CanvasPop。

> 我们觉得顾客就像我们的朋友一样，我们像朋友一样交流。你会听到让人惊奇的东西。
>
> ——纳奇姆·艾哈迈德

倾听还给团队带来了许多不错的、机构性决策的点子。很多业内人士告诉他们，因为2008年的金融危机导致拉斯维加斯的经济不景气，很多技艺精湛的专业印刷人员保不住自己想做的工作下岗了。听到这些以后，他们就把公司迁到了拉斯维加斯。而且，他们在美国西海岸找到了高素质的印刷人员，这也让CanvasPop能够更快地向全北美地区供货。

因为订单都是在网上或是电话上，通过销售代表下单，员工要能够做到不经多层管理审批，直接为客户做出正确的选择。他们要能立刻就做出正确的且符合公司客户服务宗旨的决定。艾哈迈德说："刚开始的时候，这很费钱，因为我们需要处理一些突发问题，顾客对于任何产品的任何不满都会立刻得到解决，我们不会问任何问题。"因为重新制作帆布画的成本很高，所以对CanvasPop来说，要在短期内解决客户投诉的成本也是极高的。而且，有的时候这些错误发生在客户一方，比如说客户提供了错误的成品尺寸、方向或者是以不正确的方式折叠帆布画等。

"如果确实存在问题，客服会很真诚地跟顾客沟通，并根据顾客的描述采取恰当的措施，而不是刻板地根据规定处理。"艾哈迈德说。这样一来，他们不光是跟客户之间建立起了十分珍贵的互信，并吸引了回头客，还从客户那里听到了很多有趣的事情，这对公司的发展壮大也是有帮助的。一个守着一成不变的脚本回答客户问题的客服，是绝对听不到这些内容的。当你以为你是在跟真实的人交流的时候，他说话却像机器人一样毫无感情，没有什么比这更让人气恼的了。艾哈迈德说："我们觉得顾客就像我们的朋友，我们像朋友一样交流，就能听到让人惊奇的东西。"

他们听到的内容，通常是来自社交媒体上一些比较满意的客户发布的推文。公司听取客户意见所做出的运营改进包括：延长客服接待时长；缩短圣诞节和节日运输周转期；在保证质量的前提下，提高周转速度缩短运送时间。艾哈迈德说："无论公司多小，顾客总是习惯或者说是希望有'7 × 24小时'的客服，所以你必须往那个方向努力。我正在逐渐增加客服接待的小时数和天数，现在的客服时间已经可以支撑日常运转了，我们最后会做到‘7×24小时’的服务目标。”

CanvasPop使用的压层和画布图像热塑封工序，都采用成本相对高的工艺，所以他们的产品会提供终生质保。这些工艺会保证帆布画不会褪色或者被刮花。“我们知道，我们必须交出一份优质的产品，这是顾客告诉我们的，”艾哈迈德说，“我们不打价格战，不参与低层次的竞争。如果你总是试图以价格取胜，最后你会把自己置于一个糟糕的境地，这不是将自己和他人区分开的好方法。我们在质量和服务上跟人竞争，就像那些好的产品一样，比如说，苹果就不会卖市场上最便宜的手机或者是手提电脑，但你可以说他们的服务和质量是最好的。”

为了提升倾听效率，艾哈迈德在看待每个问题时，都会采取一种他称为“根本原因分析法”的方法，以求判定根源，快速确定并实施解决方案，从而杜绝此类问题再次发生。“我们的最终目标是，让客户在最短的时间内得到最优质的产品，客户甚至都不用打电话给客服，但除了来电说，‘嗨，你好，东西不错’。”他说道。在他们做到这一点前，艾哈迈德会一直做到迅速解决任何问题，保证客户满意，并在销售代表和管理者之间建立良好的关系，从而保证随时发现并快速解决问题的根本原因。

这两家公司自创立以来一直都是盈利的，这可以证明倾听的力量。

从社交媒体的对话中，你能清楚地看到这两家公司一直都做到了倾听，并回应其顾客和员工的需求。“刷新一下推特，你就能看到大段大段的对话是在说CanvasPop有多好，你会看到这样的评论，‘这是我的CanvasPop画布，他们是最好的，快去买吧！’”艾哈迈德说，“我们不会参与这些对话。这是客户的肺腑之言，因为所有人都在跟我追求一样的东西——质量。我们每个季度都会跟管理层这么说，管理层每天都会这样告诉公司里的每个人。每个人在展开一块画布时都在想怎么让这块布变得完美，只要他们有想法，我们就会听并会去做。”

关注他人的金仕达

丹尼尔·米尔施泰因（Daniel Milstein）是位于密歇根州安阿伯市的金仕达典当金融集团的CEO。该公司营业额达1 900万美元，拥有400名员工。《公司》（*Inc.*）杂志称其为美国增长最快的500家公司之一。米尔施泰因16岁时，从苏联移民到底特律，放学后他会去工作赚钱补贴家用。米尔施泰因说：“刚来到这儿的时候，我的口袋里只有17美分。很幸运的是，19岁时，我在TCF银行找到了一份银行柜员的工作。”后来，他又在联信银行和花旗贷款工作过，直到他自己创办了金仕达。

金仕达在《公司》杂志评选的美国500强公司中，排名第349位。2005—2008年，金仕达的营业收入增长了712.8%。“我们向所有购房者提供贷款，无论是首次买房的普通民众还是名人。”米尔施泰因说，“全球金融危机来临的时候，我知道我们能挺过去。我相信我们有在沙漠里卖沙子的能力，那个时候我们检查了我们的资产负债表，加速前进。我们没有做过次贷业务，很多公司是因为次贷业务惹上麻烦的。我们的广告和营销投入翻了两番。现在看来，这对我们帮助很大。”

在业内，金仕达的员工流失率是极低的，米尔施泰因说这是因为他对待员工像对待家人一般。“我了解他们的职业生活和个人生活，只要他们想来找我，跟我讨论问题、成败，我的门随时为他们敞开。”他说。公司从不逼迫员工发放不良贷款。发放不良贷款的做法后来对其他很多抵押放贷公司造成了负面效果。米尔施泰因认为，这是因为他听到了市场和员工的声音。他从不想创造一种压迫感，迫使自己的销售人员去做一些可能会对市场产生负面影响的事情。他们放出去的贷款可能没有其他公司多，但是从长远来看那些公司的发展并不理想。

倾听也是米尔施泰因晋升的秘诀，这是一个准CEO的重要课程。他从一个贷款经理人助理，到经理人、核保人，一路做到多个金融机构的CEO。米尔施泰因说：“我主要是通过仔细地观察和倾听别人的观点学习，然后我会根据我看到的和听到的内容采取行动。我的整个职业生涯都在跟我的经理人学习，我跟他们一起工作，看着他们，跟他们学习哪些该做、哪些不该做。我会保证让自己的员工看到，作为一个领导者，我总是第一个到最后一个走。他们随时可以找得到我，甚至晚上、周末也都可以。因为我想知道，他们了解了哪些市场动态，以及他们个人的一些工作感悟。这对于做出行业决策的价值是不可估量的。”

> 敞开大门，让别人告诉你这一刻正在发生的事情。这是你了解市场行情、谋划未来的唯一途径。
>
> ——丹尼尔·米尔施泰因

1999年的时候，米尔施泰因还是另一家公司的核保人。也是从那时起，他开始见到美国三大汽车公司的员工会拿工资单和公司雇员报税表来申请贷款。与此同时，他看到汽车价格开始逐年翻番。他当时就觉得，这种高薪酬流水线工人和昂贵的车价并存的现象不会持续很久。“这些流水线工人连高中教育都没有接受过，他们却在买五六十万美元的房子。但是你

有创新思维，这就是客户想要的东西。即使我们跟别人用的是一样的供应商，我们的全国供应商数据库也能成为我们的一个有力资产，让我们的团队能够给零售商提供更好的报价和服务。”他们每月会联系供货商一次。“我们每周可能都会跟同一个供应商通20次电话，为供应商提供大量可靠的项目。结果就是，为了能够继续接到我们的电话，我们的供应商会更愿意配合我们，而且尽量提供质优价廉的服务。”

帝国设备管理公司还会召开零售商峰会，把重点供货商和客户召集到一起，分享他们各自的痛点，并互相学习同行的最优实践。“能跟同行一起学习很好，因为大家都有同样的问题，也可以分享解决方案。作为一个供应商，这样的峰会还会帮我们理解当前趋势，有助于推出新的客户服务。”斯卡利塔说。这些论坛会讨论行业趋势、优秀案例、高成本效益的零售商方案等，让参与者有机会从设备管理和维护的角度，去了解其他行业的操作模式。斯卡利塔认为，召开这样的会议只会带来益处，“人们认为如果零售业发展得好，大家就都会有工作”。

斯卡利塔也会为某些不在他们服务范围内的问题提供解决方案。何乐而不为呢？如果有一个客户需要某种服务，其他人可能也会有这样的需求。“我之前遇到我的一个客户，那时我们一起讨论提高营业收入的方案、行业趋势和成本节省策略。”他说，“那个部门经理在参加一个会议，她很想要在有限的空间中寻求可利用的地方。那是一次私人会面，她表达了自己的诉求，她此前曾花大价钱请咨询公司来做这件事，但他们给的方案最后都因难以实施而搁置了，但是她需要向副总裁提交这个方案。我跟她说让我试着看一下，然后反馈给她四五个低成本甚至是零成本方案。我们达成了想要的效果，我们都能做到，因为我们有正确的战略合伙人，有能力强也愿意承担的工匠。”帝国设备管理公司提供了几个方案的展示幻灯片，部门经理把方案提交给了副总裁。这对斯卡塔利来说是一次很大的鼓励，因为客户最后选的方案操作起来更加稳妥，价格也更便宜。“我愿意用几个点子来换一个客户，”斯卡利塔说，“我们想要的是长期合作，只有倾听和行动能让我们做到这一点。”

关键点总结

善于倾听的领导者：

- 保证自己是在理解说话人所说的内容，而不是简单地听别人说出的字词，转眼便又忘记了；
- 对于在市场中听到和看到的东西要有所行动，没有付诸实践的倾听是没有实际用处的；
- 理解客户所说内容的深层意义是，去找出他们想解决的根本问题，借用亨利·福特（Henry Ford）的话就是，你如果问人们他们想要什么，他们会告诉你，他们想要一匹更快的马。你要去理解这句话真正要表达的意思。

第六章

关键四：管理有道

我相信，每一种权力都代表一种使命；每一个机遇都是一次义务；每一笔财富都是一份责任。

——小约翰·D. 洛克菲勒（John D. Rockefeller Jr.）

放手去做。

——美国海豹突击队格言

NICE COMPANIES

FINISH FIRST

你应该不会感到意外，我在倾听策略之后讲管理的艺术。首先，我想先说明管理意味着什么。它不仅仅是指对工作环境的关注，当然这肯定是其中的一部分。良好的管理意味着，你要在离开那个环境之前让它变得更好，同时也意味着管理者的责任感能与所有重要利益相关人的道德标准同步，其中包括股东、客户、投资者、供应商，还有所在的社区。为了成功做到这一点，你必须去倾听，然后顺应社会和政治潮流，这些会对公司的公众形象产生影响。所以，这是底线。

而且我有必要提醒你，你可能不必非要做一个好的管理者，也可以选择暂时逃避，什么都不做。但最后极有可能面对的现实就是，问题会自己找上门，如果真的是这样的话那就很恐怖了。它会让你之前因为绕开它而获得的所有成就都付诸东流，然后在这件事上给你一个惨痛的教训。

公司极有可能推动社会产生积极的变化。作为一个领导者，你必须参与到具有行业影响力的社会话题中去。“不管你喜欢不喜欢，有的时候媒体会找到你，强迫你去谈看法。”罗恩·托罗西（Roon Torossian）说。托罗西是5W公关公司的CEO，他创立的这家公关公司目前跻身全球公关公司前25名，他还著有《第一时间发布：塑造思维，建立品牌，并通过改变游戏规则达成公关成果》（*For Immediate Release: Shape Minds, Build Brands, and*

Deliver Results with Game-Changing Public Relations）一书。“如果你是做美妆产品或者母婴用品的，而且在安全、健康这类话题上能走在前头的话，你就会成为意见领袖。”他说，“你的公司必须在保护消费者权益的时候冲在最前面。”如果你保护了他们的权益，就意味着你能够影响这些话题，甚至是制造话题，而不是总是在被人发现没有这么做的时候狼狈应对。

在公共关系和消费者关系这种事情上，反复消磨耐心极有可能会带来一场噩梦。如果你对此有任何疑问，可以找一个企业公关主管问一下，看他们有没有在凌晨三点的时候收到过“幸福问候”电话。托罗西说：“有些事件，或者是潜在矛盾是跟他们的底线直接相关的，领导者对于是否让公司积极参与其中，是有自己的战略思考的。”如果你没有积极回应外界对你们公司的关注，公司声誉就会受损。实际上你本可以利用这样的机会就此解决那些股东和尚未使用你们品牌的消费者担忧的问题，满足他们的需求和偏好，从而借此提升品牌价值。

能够积极参与公司事务的领导者们也会获得经济回报。所以，做一个好的管理者除了利他之外也会利己。这像是意外收获吗？你会变得比别人更了解形势，让你在鸡尾酒会上表现得格外聪明。

如果要想做到这一点，你就必须去关注身边的声音，同时也要放眼全球，只有如此，你才能在遇到紧急情况时快速回应。

相信我，你的利益相关人往往会对某个话题和问题的原因快速做出回应，所以如果你激怒了他们，或者你不明白他们的关注点是什么的话，你就会陷入麻烦。麦肯锡公司表示，1990年至今，世界范围内的新增公众团体数量超过10万个。《当社会问题变成战略问题》报告显示：权力平衡点正在转向个人，互联网让那些面临单个问题的小团体所掌握的工具和策略，更容易发挥效力。

换句话说，当消费者或者媒体听到你做了任何他们不喜欢的事情的时候，你就惨了。管理咨询公司毕马威会计师事务所的研究显示，现在大多数一流公司，会自觉把企业社会责任活动纳入报告当中。毕马威发现，2008年只有74%的美国企业会在报告中纳入企业社会责任活动，到2011年全美前100的公司里有83家会对企业社会责任活动进行报告。毕马威还指出了五个企业社会责任活动报告数量增长的原因：第一是企业声誉和品牌，占了67%；第二是道德，占58%；第三是员工激励，占44%；第四是创新和学习，占44%；第五是风险管理，占35%。

千万别想做就做

2001年，运动用品公司耐克承认自己“搞砸了”，此前BBC曾报道该公司在第三世界国家以极低的价格雇用童工生产。

此前多次有传言称耐克存在劳工问题，但BBC的报道发布之后，各种负面报道一时无两。校园抗议、抵制活动频发，曝光后很多大学校队取消了跟耐克的合同。

耐克公司董事长菲利普·奈特（Philip Knight）因为在巴基斯坦、柬埔寨的血汗工厂里工作的那些十多岁的孩子的故事而备受指摘。他声称自己是无辜的，他对有人违反公司的雇工标准和美国劳动法的事毫不知情。“耐克面临的所有关于工作环境的问题里，童工是最让人恼火的一个。”他在一次企业责任报告中说，“我们的年龄标准是世界最高的，运动鞋生产线的雇用员工的标准是年满18周岁，配件和设备生产线是16周岁，我们的标准只会比当地的标准更高。但在某些国家，比如孟加拉国、巴基斯坦，这些标准很难得到实现，因为被雇用的工人们要么没有出生记录，要么出生记录是可以随意变更的。”

这份报告对耐克来说是一个突破，它标志着耐克在陈述其外国工厂的劳动条件时，不再延续20世纪90年代以来极具攻击性的报告风格。2004年，艾伦·伯恩斯坦（Aaron Bernstein）曾在《商业周刊》（*BusinessWeek*）上写道：“执行总裁可以发布否认报告，抨击批评者，并在事态扩大之前派人去出问题的工厂把麻烦提前解决掉。”自从耐特公开承认这个问题以后，耐克在这方面做得越来越好，虽然现在还有批评的声音，但你现在再也见不到十年前那种关于体育用品制造商的负面报道了。

21世纪初，耐克不再对劳工问题采取防御姿态，而是在其900多家美国以外的合作工厂中推行了一个十分细致的项目。每年会有将近100位总部员工视察这数百家工厂，给其劳动标准打分，然后跟其管理者一起想办法改善发现的问题。耐克接受公平劳动联盟（Fair Labor Assocaition，FLA）的随机检查。到2011年，耐克基本上扭转了局面，还获得了投资咨询集团克瑞斯（Ceres）公司和特许注册会计师协会发布的可持续性报告的最高认可。

耐克可持续商业与创新部副总裁汉娜·琼斯（Hannah Jones）负责公司的全球可持续战略事务管理。她在2012年的一次采访中对GreenBiz网的记者说：“改变很难，如果我们的冲突多于合作，就会很难达成目标。但对于公司而言，每家公司都需要对自己的商业模式和资源善加利用，来催生变化。耐克知道自己可以利用创新来实现收支平衡，应对公司合作伙伴所在地存在的局限性。”

假设这个丑闻是在2012年而非2000年爆发的话，快速传播的社交媒体会让这件事产生的危害远大于第一次。耐克公司的迅速反应和对改变的承诺，帮助其应对2000年的负面报道。但在2012年，应对消费者的指责变得更难了。

顺应改变的风潮

当今世界，人们希望公司能够成为良好的企业公民，希望企业领导者能成为模范管理者。人们在购买公司的产品和服务的时候，不光希望产品本身具有价值，还希望产品不会对自然环境和家居环境产生危害。人们不希望公司参与到不合伦理、令人厌恶或者别的一些错误的活动中去，比如雇用童工生产T恤等。在一份苹果设在海外生产iPad、iPod等产品的工厂潜在性不安全条件报告中，存在这样的问题。

但苹果的品牌忠诚度极高，这就给苹果公司留出了改正问题的时间，但你的公司就不一定了。就像倾听一样，投资那些通常被视为“声誉”的资产会让有的领导者认为这是一种金钱的浪费，不会带来丰厚回报。发现能够对你的公司产生影响的社会潮流绝非易事，所以当你难以向你的股东、董事会甚至你自己，证明这种投资的正确性时，记住一点：一切都是钱的问题。

长久以来，体育及户外用品制造商巴塔哥尼亚，在负责任的领导这方面的行动都是超前的。自其开始从事登山护具制造以来，公司创始人伊冯·乔伊纳德（Yvon Chouinard）就一直都支持公司的可持续发展实践。他意识到，他的公司可以制造一种护具让登山者在登山时使用，不会对山区环境产生负面影响或是产生尽量少的影响。他甚至还写了一本关于可持续发展的书——《负责任的公司》(*The Responsible Company*)。乔伊纳德的领导力之所以会对公司产生这样的影响，部分原因在于他的公司成功通过管理提升了公司的声誉。像沃尔玛这样营业额超过巴塔哥尼亚800多倍的巨型公司都会来跟他们取经，请教如何在其举世闻名的供应链体系中减少包装，节约用水。两家公司联合成立了可持续服饰联盟，并邀请了其他一些知名品牌加入。耐克、李维斯、GAP、阿迪达斯等都是联盟成员，他们共同制订出一种清晰的、可量化和可验证的服装生产环境责任量化标准。

沃尔玛在管理方面还采取了一些有趣的措施。它感受到，其广大的中产阶级客户群体对待健康食品的态度正在发生变化。对于肥胖和营养不良等问题的相关因素，公众和政府也有了新的看法。于是沃尔玛发起了一项倡议，号召“惠宜”品牌的食品逐渐减少钠和糖的用量。之所以采取一种慢速的方式去改变产品配方，是因为人们很少会注意到口味发生了渐变，但巨大的变化就会引起注意。

也就是说，比起一夜之间把钠含量从10%降到0%，如果生产商逐渐减少“惠宜”玉米卷的钠含量，其销量受到的影响就会相对较小。这只是沃尔玛开始应对食品领域社会和舆论风向变化的一种措施。他们公司甚至在数年前就已经进行有机食品生产了，真的是聪明绝顶。

自2012年起，麦当劳将开心乐园套餐里的苹果派和薯条的量减少到原来的一半，而不再是由父母或者孩子对其进行二选一，但是这对其品牌声誉的影响已然产生。自20世纪90年代开始，媒体就已经开始讨论儿童肥胖问题，以及其与快餐和食品加工之间的关联了。2010年，旧金山明令禁止麦当劳在开心乐园套餐里再放玩具。麦当劳是一个富有创新性的公司，他们本应该在问题发生之前就做出反应，但他们没有。不过，不管怎样，至少他们开始解决问题了，虽然有点晚，有点力不从心，但总算开始了。

另一方面，我们来看一下全食超市。它的成功清晰地向我们证明了，倾听消费者的需求，对市场的变化迅速做出应对是极为有利可图的。20世纪80年代，美国超市中能提供健康有机食品的公司廖廖无几。得克萨斯州奥斯汀的四位小商人看到了消费者食品健康观的变化，并就此认为引进超市售卖有机食品的模式时机已经成熟。全食超市的创始人约翰·麦基（John Mackey）和雷尼·罗森·哈迪（Renee Lawson Hardy）把他们的“安心绿色食品商店”与克雷格·威乐（Craig Weller）和马克·斯基尔斯（Mark Skiles）的“克拉克斯维尔绿色果蔬商店”合并到一起，成立了全食超市。全食超市最开始只有19位员工，但很快就大获成功。

如今，全食超市共有超过100家分店，我常去的是纽约城里哥伦布圆环（Columbus Circle）附近的那家门店。那家超市太受欢迎，不得不竖起牌子告诉顾客购物的最佳时段。

这家超市在美国环境保护署的“25家绿色力量合伙人”名单上位列第三名，2004年、2005年连续两年获得美国环境保护署“绿色力量奖”，2006年、2007年获得“年度合伙人”奖。请不要会错意，当然也有人对全食超市持批评或否定态度。偶尔也会在媒体上曝出一些很奇怪的报道，但公司会努力去应对问题，解决消费者忧虑。麦基制订了一系列规则，持续参与商店的供货和可持续性实践活动，以此满足消费者和股东的诉求。

规模并不重要

如果你经营的是一家规模很小的企业，你可能会想："这不适合我，我要考虑的事情太多了，没有时间想可持续发展的问题。"那你就再想想，每家企业，不论大小，都要关注管理。企业可以像全食超市一样，将可持续发展作为公司规划的一部分，也可以更关注可持续发展的外延，关注慈善工作或社区服务等问题。企业可以对所在地社区产生积极效应，而且通过加强管理，企业还可以以一种独有的方式，在消费者中产生有力的影响。这可以让企业与当地的优秀媒体建立长期合作关系。但好处不止于此，每家企业的蓬勃发展都离不开一种逻辑，那就是：做好事就是做得好。"不论大小，你要做的就是去做一些可以让这个世界变得更美好的事情。千万不要止步不前"，积少可以成多。

约翰·谢格里安（John Shegerian）是电器回收国际网（electronicrecyclers.com）、1800Recycling.com网站的创始人兼CEO，他有一种独特的商业模式。他雇用的人里有10%有犯罪记录，他想再给这些人一个机会，这很有可能也是这些人最后的机会了。在谢格里安的社会创新精神和积极态度的带动下，电器回收国际网成为全美最大的电子废弃物回收公司，收益不断攀升。

一站式环保（OSE，www.onestopenv.com）的创始人兼CEO香农·瑞利（Shannon Riley）是这个全方位环保服务公司的领导者、战略制订者和技术支持者。他的公司专注于企业的环保问题。瑞利十分注重社责任和改善社区问题，OSE曾参与过伯明翰和阿拉巴马市伍德洛地区绿化项目的协调与辅助工作。OSE的员工每周都会到当地一所小学义务支教，从而服务当地教育系统。此外，瑞利本人还在周边的两所学校创立了一个回收项目，向学生们普及垃圾回收的重要性，并向学校提供垃圾回收箱。OSE相信，社区繁荣是公司繁荣的前提，而OSE的经营状况则证明了这一点。这家成立于1999年的公司，在瑞利的管理下，已经成为美国最好的一家全方位环保服务公司。

亚利桑那州米拉瓦度假酒店吸引世界各地游客的不只是它的奢华与享受，还因为它是一个持续关注可持续发展，具备成熟的环保体系的度假酒店。米拉瓦最近与亚利桑那州环保人士——“绿色女士”吉娜·墨菲-达令（Gina Murphy-Darling）达成合作，她在图森的电台节目十分受欢迎。米拉瓦总裁迈克尔·汤普金斯说：“因为我们是一家可持续发展公司，类似的合作会使我们的员工更加尊重企业，这也让我们赢得了一部分原来不怎么关注我们的顾客的关注，因为他们觉得我们就是一家跟他们的后花园一样的企业。”

做好事是一种投资

实现好的管理的关键其实十分简单，但确实需要关注。这也是为什么全世界最大的公司里，有超过150家公司设置执行总裁级别（副总裁及以上）的可持续发展方面管理人员来关注管理和环保问题。这不再是一个边缘问题。我们必须承认，在进行管理时，我们总会遇到一些让人失望的情况，这会耗费掉你很多时间，花掉的钱也不计其数，除非你的公司是经营可持续发展产品的。从长远的角度来看，忽视可持续发展管理问题的代价会非常高。然而，这确实是目前很多企业发展的方向和终点。

你在考虑管理问题的时候，可以考虑以下三点：

（1）关注社会变化及趋势：把细微变化看在眼里，认真对待可能会对你的公司产生影响的消费者行为。

（2）真实地展示你的管理艺术：要在你真正关注的项目上下功夫，在与企业有关联的项目上下功夫，在行业公认的最佳实践上下功夫。

（3）参与社区活动：包括宣传你所做的项目，也包括倾听消费者的反映和需求。

节约不仅有趣也有利可图

我是一个生在纽约、长在纽约的人，长这么大我从来没离开过曼哈顿区生活过，我对户外运动的喜爱简直惊人。我已经数不清我参加过多少次ING纽约曼哈顿马拉松赛了，此外我也完成过铁人三项，还是一个有资质认证的跳伞运动员，参与过300多次跳伞运动。由于我个人对体育运动的爱好（也有人说我是狂热），我总是会不断尝试新的运动，也会不断地搜寻能帮我完成项目的最好的装备。后来我就发现了休闲装备公司（Recreational Equipment Inc.，REI），这家公司成立于1938年，是一家会员合作企业。

该公司出售各种精巧的户外装备和服装，其中也包括他们自有品牌的产品。除此之外，他们将环境保护作为公司商业战略的一部分。这是我为什么会选择这家公司产品的一个重要原因。他们公司的愿景是，在优化户外活动体验的同时保护自然，这是他们成功不可或缺的因素之一。

REI示范了一个企业改变世界的途径。他们可以将自己的环保价值观传递给客户，然后赚取利润。REI出售的所有产品，都有100%的客户满意度保障，这是我喜欢他们的地方。REI所做的还不止于此，他们还捐献了数百万美元用来支持环境保护事业，还会派出志愿者队伍参与修建户外小径、清洁沙滩、重建动物栖息地以及其他的一些环保项目。这些人大多是他们的会员、消费者或者是公司的员工。REI一直以一种真诚的态度对待自己的使命和价值观，这也帮助他们在《财富》杂志的“100个最优雇主”榜单上赢得一席之地，而且他们从1998年开始有这个排名的时候一直持续上榜。

> 我们认为保护自然环境，鼓励人们参与户外活动、关注环境都是符合REI长远利益的举措。
>
> ——赛丽·朱尔（Sally Jewell）

你可以支付20美元的会费加入这家总部位于华盛顿的个人持股公司。即便只花了这么少会费，合伙经营会员依然可以参与公司董事会投票，也可通过每年在REI购物的退税支票分享公司利润。比起其他零售模式，这种方式能让消费者产生一种更加强烈的参与感。何乐而不为呢？REI公司CEO赛丽·朱尔表示，2011年初，REI公司共向它的470万活跃会员支付了9 980万美元红利。这创造了纪录，但很值得，因为REI可以得到有关会员消费习惯的详细资料。

这让REI得以向特定消费群体精准投递不同种类的商品信息，其转化率也会更高。据《福布斯》公布，REI公司2010年营业收入达17亿美元，较前一年的15亿美元有了一个不小的增长。

因为合作经营的会员对REI的企业价值观十分认同，REI的会员体系已经为其贡献了将近300万小时的志愿服务时间，主要志愿服务范围包括公园、休闲区和自然空间。在董事会的支持下，REI每年会拿出经营利润的3%用于支持和鼓励这些活动。

朱尔曾是一位银行总裁，她自2005年起接管公司。在她之前的总裁是丹尼斯·麦迪森（Dennis Madsen），他为公司工作了将近40年。朱尔银行业的从业经历帮助这家老公司吸引人们的注意力，并让这家公司重新得到年轻人的喜爱，因为她让更多的孩子参与到了户外运动中去。2005年，朱尔接受《西雅图时报》（*Seattle Times*）采访时说："我们的竞争对手是电视机、电子游戏和孩子那些安排得过满的日程。"如果年青一代学不会在户外活动中享受生活，REI在未来就无法生存。如果没有可以让人玩得开心的户外运动的话，那些可能会成为消费者的孩子就会无处可去。

REI一直在做一些与可持续发展相关的事情，比如节约能源；REI还是一个有企业社会责任的公司，比如REI会十分关注海外制造商的劳动条件。但这些并不是朱尔自己的想法。朱尔在2009年参加一次企业道德学院的圆桌会议时表示："我们认为保护自然环境，鼓励人们参与户外活动、关注环境都是符合REI的长远利益的。从现在算起，你的公司如果想要再为户外运动爱好者服务100年，甚至更久的话，首先得有户外运动爱好者，其次还得有开展户外运动的自然环境。"

将环境问题置于REI商业议程的第一位，让朱尔得以成功将公司的管理格局从原来的"无序的善意"行为变成了一种精打细算的"生意模式"。除了减少碳排放和实现零垃圾填埋的远大目标以外，REI还跟其他企业合作制定了《户外产业联盟劳动公正标准》，该标准可以为公司提供衡量标准，确保向其供货的工厂具备合适的劳动条件。2006年，REI的纸张购买政策得到非营利性质的环保组织——森林伦理组织的最高评级，此后两者开展合作，通过曝光危害森林的企业共同保护濒危森林。

除了给无数环保项目捐助、鼓励会员和员工参与志愿服务以外，REI在其设立门店的地区，都会发展规模庞大的适合当地情况的项目。REI 80%的销售收入来自门店零售，其余的20%来自网络购物。朱尔很确定地说，REI是一个很好的邻居，因为公司会为很多户外赛事、家庭活动以及课堂教学提供赞助，这些项目涉及的可能是皮划艇，或者是骑单车，也有可能是自然摄影等。2012年9月的时候，该零售商对外宣布：截至当月，公司年内已经捐出了3 900万美元用于支持美国各地组织的户外活动志愿者项目。这种方式也让企业从很多方面受益。2011年，REI的年度报告称，公司的销售收入增至18.4亿美元，同比增长了8.4%。

当你发现自己在白费工夫的时候

如果你经营着一家很小的企业，你始终无法说服众人，你的企业值得培养一种管理艺术，那么想象一下缤客意式比萨店——一家总店位于堪萨斯的连锁餐厅。几乎每次说到比萨的时候，我都觉得它很成功。

但缤客却是一个特殊存在，这家店的三个老板——盖尔·劳左夫（Gail Lozoff）、理查德·劳左夫（Richard Lozoff）和爱德文·布朗奈尔（Edwin Brownell）——目前经营着四家门店，且准备再新开两家店面。缤客因其所做的食物获奖无数，还曾登上过堪萨斯商会年度小企业榜单。他们的故事说明，将公司管理向社区延伸是一种成本低廉，且能够高效地提升公司声誉和知名度的管理方式。

缤客还拥有良好的雇工声誉。缤客的资深员工多达150人，相较于传统餐饮行业的高人员流动率而言，这实属不易。那些上学的时候就曾在店里工作的学生，毕业以后也会回来做兼职，甚至是全职。劳左夫姐弟和布朗奈尔赋予了这家店一种独特的混合服务理念，店里有一个电动的轮盘，上边摆放各种酒类，这些酒比传统餐厅定价要低，还有用新鲜食材和特色食谱制作出来的获过国家级奖项的大师级食物。他们的主厨曾荣获詹姆斯·比尔德奖（James Beard Award）[①]，但店里食物的价格依旧亲民。比萨店里有詹姆斯·比尔德奖厨师！作为一家个人持股公司，缤客不会公布财务数据，但是它的增长速度和获奖食物足以证明它的成功。缤客的老板们也承认，如果餐厅盈利不好的话，他们原计划的扩张很难实现。多么酷的一家比萨店啊！

缤客参与的社区服务项目数量十分惊人，远超同等规模的其他企业。“2005年，公司刚成立的时候，我们就希望我们的餐厅能具有当地特色，能够真正地融入当地社区。”盖尔·劳左夫说，“刚开始的时候，我们会支持社区的一些团体，对于一个餐饮公司而言，这很简单，因为任何一个本地组织，都可能需要食物或者是拍卖物。这么说听起来可能有点傻，但我们从未拒绝过与我们寻求合作的人。”

在我看来，这可不傻，对一家新公司或者小企业而言，捐献物品或提供服务不仅能帮他们跟当地人搞好关系，还可以帮他们尽到公民义务。

① 对很多注重口腹之欲的“资深吃货”而言，詹姆斯·比尔德奖（James Beard Award）在他们心中的分量，绝对不输于影迷对奥斯卡奖的重视。

“我们每年都会拿出一部分资金参与这些项目。为了给组织者和参与者献上一场成功的活动，我们从不怕麻烦。”盖尔·劳左夫说，“比方说，我们本地有一个青少年联盟想组织一场骑行，为内陆城市的孩子募集车况良好的二手自行车。他们来问我们，缤客能否在店面驻地为他们提供自行车投放点，并且为骑行供应食品以及车辆展示地。我们回答：肯定是可以的。”缤客有一个庞大的消费者数据库，公司会抓住时机向他们的消费者宣传这次骑行的相关情况。理查德·劳左夫表示，“缤客俱乐部”共60 000名注册会员，他们每周都会收到即将举办的骑行和活动相关的邮件。缤客还与一家自行车商店达成合作，为收集到的自行车提供免费维修。理查德说：“数据库的好处在于，如果社区里的某个组织找到我们，要求帮忙宣传活动，我们就能有一个渠道将消息传递出去。”

为什么缤客会如此深入地参与到骑行中去呢？因为这种活动形式跟它的品牌形象相符合。“首先，我们可以在车轮上放上我们的名字和标志。店铺的整体理念就是将意大利、比萨、葡萄酒和骑行的理想结合在一起。”盖尔说，“这对我们来说是一个很重要的主题，在我们的商标里也有体现，我们的营销资料里也有自行车的形象。这其中也包含健康的寓意，我们为我们提供的食物的营养成分感到骄傲，这些食物在我们的网站上都可以买到。所有的这些加在一起才有了缤客的今天。”

> 数据库的好处在于，如果社区里的某个组织找到我们，要求帮忙宣传活动，我们能有一个渠道将消息传递出去。
>
> ——理查德·劳左夫

除此之外，缤客每周都会为在餐厅聚会的自行车手提供赞助，以此支持社区骑行。“我们会雇用专业车手去帮助那些长时间没骑过自行车的人习惯骑行。我们鼓励大家以家庭为单位参加团队骑行。如果他们返回缤客吃比萨，我们也会给骑手相应的用餐折扣。”盖尔·劳左夫说。这些骑行体验非常受欢迎，每次都会吸引75～100人来参加。

堪萨斯有很多这样的募捐骑行赛事，所以缤客也会尽可能地向自己的会员去宣传赛事。如果有什么事情是跟骑行有关的话，缤客一定会有所参与。理查德·劳左夫说：“所有人都知道我们是堪萨斯的骑行领袖，这个城市里到处有人穿着我们的文化衫，这就是一块移动的广告牌。”最近的一次大型城市募捐骑行活动——烧烤骑行，为癌症患者募资。这次活动，有100多位穿着缤客文化衫的骑手参加。理查德·劳左夫说：“我们以骑行的形式将自己展示在社区居民面前。这对我们很重要，因为我们很少做广告，而且除非是通过社交媒体，或者数字媒体的方式，不然的话，广告总归是比较分散的。所以我们就让骑行活动和顾客去帮我们打广告。”那么这种方式回报如何呢？“有一些效果是可见的，”盖尔·劳左夫说，“在我们举办骑行活动的日子里，店铺营业额肯定会增加，因为活动会为我们吸引顾客，来参加骑行的人里有一半会留下来吃饭，所以不难从经济角度去判断它的正确性。但是骑手们给我们的品牌带来的影响、对促进我们与社区之间的关联，与顾客以及其他组织的关系，这些是没法估量的。”

缤客发展的社区活动里还有一个，在餐厅里为本地的创作型歌手提供宣传机会。他们有一个项目叫“露台上的民谣”，会展示新晋音乐家的作品，而且这里整个夏天都有免费的现场表演。很多餐厅不接受类似做法，因为美国作曲家、作家与出版商协会会要求表演者为演唱的歌曲支付版税，这也是为什么缤客会要求在店里演出的歌手们只能演奏他们自己创作的音乐。这样的解决方式让问题变成了资本。“社区里的人能够有机会去认识本地的音乐天才，这让人们又多了一个来餐厅聚会的原因。”盖尔·劳左夫说。

盖尔·劳左夫、理查德·劳左夫还有布朗奈尔都觉得，这种本地化思维是他们餐厅的离职率比较低的原因。“员工们会被我们吸引来，因为他们知道我们跟当地社区的联系。我们不只是在做生意，而且想要为社区发展出一份力。你去问我们的服务员为什么喜欢缤客，他们会告诉你，因为缤客关心当地社区和这里的人。我们的员工会参与到社区活动中去，他们在我们参与的活动里当志愿者。我们十分支持他们参加我们的骑行活动，这让他们感觉很好。”盖尔·劳左夫说。

最后，缤客比萨的馅料会尽可能地使用当地食品供应商提供的食材。他们有的来自当地的公司，有的还是本地自产的畜类。缤客的另一大特色项目——酒水供应，也是当地的酒商帮助他们实现的。这些都是小细节，但这些加在一起，才让缤客享有如此声誉和在堪萨斯的地位。

这些工作其实都很简单，费用也很少，每个公司都可以做得到。做一个好的管理者，并不是让你在非营利项目上花上大笔的钱，也不是去赞助重大国际赛事。其实，所有慈善事业的起点都是小事。如果你领导的是一个区域性企业，那么你应该想想你们能为当地社区做些什么，什么样的项目符合你们的品牌形象和公司利益呢？这想必就是一个很好的开始。

说真的，为什么你没有这么做？！

关键点总结

管理有道的领导者：

· 首先是做一个好邻居——所有的这些都从你所在的地方开始；

· 选择的管理方法要与公司相契合，且能对公司产生良好影响；

· 要了解潮流并走在潮流的前沿，而不是跟在后边；

· 不断地努力去提升个人的管理水平；

· 认可对管理的投资，认为这就是对公司荣誉和长期经营的投资。

第七章

关键五：全方位忠诚

死抱住僵化的观点不放，是绝对无法砸断锁链或解放人类灵魂的。

——马克·吐温（Mark Twain）

忠诚吗？我有一只猫，它简直太忠诚了。

——彼得·山克曼

NICE COMPANIES
FINISH FIRST

忠诚是最难把握但又唾手可得的一种品质。根据课本上的定义，忠诚的表面含义是对某件事或某个人不可动摇的承诺，听来不错吧。后来有一个可爱的金发男孩——贾斯汀·比伯（Justin Bieber），在他的歌里也是这么唱的。时移事易，当你对一种观点或者某个人表示出盲目忠诚的时候，忠诚有可能成为一种弱点。比如说，如果你对公司创始合伙人或者是与你一起成长的同事表示出忠诚，那是一种义务，但有的时候，你可能会需要将团队成员中表现不合要求或者是无法适应时代变化的人踢出去。这并不轻松，但不这么做后果会更严重，他们不作为，还美其名曰忠诚，这会毁掉一个企业，最终让许多优秀的人也失去工作。这就是彼得原理的变体——在各种组织中，雇员总是趋向于晋升到不称职的位置，然后就会停滞在这个位置上，很难往上升或者往下降。另一方面，倡导对工作和公司的全方位忠诚，可以让优秀员工和企业取得双赢。同样，不要相信一个会在刚开始就能取得成功的方案。牢记这一点会让你获得巨大收益。

领导者不会在回馈忠诚这件事上出错。这是属于你的职权和裁量范围内的，但这也让事情变得不好把握。即使对于那些员工参与度高和交互度高的企业来讲，企业也不是一个民主组织。说实话，很多决定是由下属做的，有的是根据大家的意愿决定的，但归根结底，企业是一种独裁组织。这有时候是好事，有时候则相反。当然，公司里会有规章制度，企业的所有者和CEO们必须照章办事，否则就要承担后果。即便如此，领导者还是有很大的自由选择和采取措施的空间。发奖金的时候，可以绕过员工竞争，有所偏袒；可以推行不那么得人心的决策；会偏袒某个部门、单位或者是雇员。他们的选择简直是太多了，这就容易让人对忠诚产生疑惑，然后对其产生错误的理解。

优秀的领导者忠于公司和好员工的福祉。忠诚不再是他们的个人特质，他们不会接触那些最终会失败的、带有个人利益偏好的项目；他们对那些工作效率低，甚至是对公司有恶性影响的人敬而远之。全方位忠诚的好处就是能激励领导者和其他公司员工，始终为公司的大局和使命考虑，去决定如何增加利润、鼓励创新、扩大市场份额。这会给公司的实力和长期发展带来好处吗？如果你在选择“是”的时候犹豫了的话，你就是不忠于公司和所有员工。不论如何，这都会带来不好的结果。

为什么忠诚很难确定呢？

诸多先例表明有的时候一直坚持忠于一个人，或者一种观点是会得到回报的。这些例子经常会被那些不愿意改变的人当成武器。这样的人有很多。

20世纪60年代初，时任IBM总裁的小汤姆·沃特森（Tom Watson Jr.）年事已高，他把一位年轻主管叫到自己办公室，这个年轻人刚在一次高风险的投资中，损失了1 000万美元。这位年轻人知道沃特森传奇般的暴脾气，他以为自己会被炒鱿鱼，所以就先发制人，提交了辞呈。

没想到，沃特森的回答是："炒了你？你开什么玩笑。我的天呐，我刚给你交了1 000万美元学费。我就是想确认这次你学到了东西。"我想说的是，沃特森的这种做法就是他对这位年轻人的忠诚。因为公司认为，这位年轻人会很有前途，而且选择他也是符合公司的核心意图的，那就是"思考"并且不断培育能促进公司成长的业务。当你很想让你的公司能够对消费者保持持久的吸引力，并进行新业务尝试时，你就可能会犯错。如果这个错误会对你的实际行动带来有价值的参考，那就是值得的。

1999年8月，我的朋友谢家华（Tony Hsieh）在一个大家都不怎么看好的创意——线上鞋类商城上投资了50万美元，而且他给鞋城起名叫Zappos，听起来和（鞋子）shoes这个词一点关系都没有。6个月以后，在一次网站崩溃后，Zappos破产了。2000年10月，谢家华不得不解雇了一半员工。他的步伐并未因此受阻，他拿着24美元的年薪，把自己在旧金山的复式住宅卖掉，之后在肯塔基州买了一个仓库。他一直坚持在网上卖鞋的业务，没有折扣，但百分百保证客户服务和满意度。这种商业模式的客户服务开始得到消费者的认可。2002年底，Zappos的销售额达到了3 200万美元，但是公司还是没有盈利。

2004年3月，谢家华把Zappos的总部迁到了拉斯维加斯，这里有很多经验丰富的电话客服人员。2005年8月，Zappos的销售额达到3.7亿美元，但是公司还是一分钱都没有赚，不过亚马逊主席兼CEO杰夫·贝索斯（Jeff Bezos）提出要收购Zappos。谢家华拒绝了，因为他觉得被收购后，公司独有的文化会受到影响。2007年12月，Zappos的商品月度销售额达到1亿美元，年底盈利8 400万美元。这是他们第一次有利润。谢家华最终还是答应它们的价格要比柯达低20%，消费者对其反响不错。接下来的几年里，又有几个胶卷品牌进入市场，它们都比柯达的价格低。

1990年，凯伊·惠特莫尔（Kay R. Whitmore）接管柯达。他相信柯达品牌是摄影行业的黄金标准，并对此深信不疑。他认为，他们的品牌强项足以应对市场的变化，并且坚决不降价。但他错了。柯达公司在过去的12年里一直保持盈利，但惠特莫尔对于柯达的认知上的固执，让公司在胶片和相机市场纷纷失利，因为这些产品市场是开放的，价格竞争也越来越激烈。

早在1981年，柯达就已经对数码摄影技术有所了解了，但是随着公司发展，他们对传统胶片产品、化学产品和胶片薄膜高达60%的毛利润十分重视。惠特莫尔则错误地认为，数码摄影技术只是“真实”相机行业的某种提升，而不是下一轮摄影消费产品的新浪潮。据《纽约时报》（*New York Times*）报道，柯达的研究员发明了一段数码摄影技术的关键代码，当时管理层的反应是，“这很有意思，不过不要把它告诉任何人”。面对这样的鼓励，也难怪该领域的创新人员在寻求新机遇的时候不会考虑柯达。

数码摄影受到普遍的欢迎，并且消费者的负担能力也在不断提高，这让传统胶片的需求量大减。柯达公司的市场受到挤压，因此到2003年的时候，柯达宣布将不再对公司长期以来的产品进行投资。柯达进军数码摄影领域的时间太晚了。消费者对他们的名字不再有所反应，而且已经开始转向其他更加现代化、技术上更先进的品牌。1976年，柯达占有90%的胶片市场份额，到了2000年中期，柯达的市值缩水了75%，三分之二的员工被辞退。柯达想了很多办法削减成本，但在2004—2012年，柯达只有一年是盈利的，最终柯达耗尽了原来的积蓄。2012年1月，这家已有131年历史的胶片行业先驱申请破产保护。

让我们花一分钟的时间回顾一下小汤姆·沃特森，因为他具有一种固有的、全方位忠诚的品质。1987年8月，他在《财富》杂志上发表了一篇文章，谈及他在IBM时的经历。忠诚的概念不由自主地显现，“我花了几年的时间意识到，CEO必须对下属所做的决策进行检查”，他写道。他描述了一次事件，一些工厂的经理发起了一封连锁信，一位经理给其他五位经理写信，收到信的经理再给另外的五位写信，每个人给名单上的其中一个寄一笔钱，最终，所有的经理们都已经收到过信件了，于是他们就开始给普通员工寄信，员工们对于给名单顶部的那些经理寄钱这件事，感到很有压力。

“我收到了一封投诉信，并且拿给那个部门负责人看。我希望他至少会告诉我，‘我们必须得炒几个人了，这件事我会处理的’。但他就只是告诉我，‘这是一个误会’。我甚至都不能说服他辞退什么人。”沃特森写道。他当时事业才刚刚起步，影响力还不足以让他的下属辞退任何人。

“现在你可以赞赏他维护团队的努力，但是我认为，有的时候正直应该优先于团队忠诚。”尽管他觉得那位经理十分有能力，但他还是感到有一个致命的盲点，对他的事业造成了阻碍。

“如果这件事发生在几年以后，我可能会把这些人，包括我自己在内都辞退。有几次，当有的经理违背正直原则的时候，我就是这么做的。每一次都会有很多人说，我们应该给这个经理降职处理。没有他的话，公司运营就会出现问题，这些人都被我否定了。这样的决定和例子是一定会让公司受益的，但是这样的决策总是显得一意孤行。”沃特森写道。为公司制订正确的决策往往是不受欢迎的，这也是为什么一些领导者尽量不去制订决策。你可以胸有成竹地说，选择不辞退公司里的那些不良分子是对普通员工和诚实的经理人的不忠诚，他们会对类似寄信要钱的事情感到压力，而有的经理都没有参与这件事情。

有意思的地方在于，盲目的忠诚最终会让大多数未能从中受益的员工变得不忠诚，尤其是那些工作能力强却一时被忽视的人。你可能并且终将失去他们。他们可能会被辞退也可能是主动离开。企业领导者协会的调研发现，公司里最为忠诚的那些员工会比其他人的表现好20%，他们离开公司的可能性也比别人低87%。人力资源研究指出，重新招人的成本是公司底层员工年薪总额的30%～50%，中层员工的150%，专业高层员工的400%。

显示忠诚的最佳方式是什么？“你被辞退了。”

如果有一个员工表现很差，但你对他有个人情感，你选择把他留在公司里的时候，你是对谁忠诚呢？

你的忠诚是出于历史原因、友情还是一种对于某人之前曾给予的帮助的感激呢？如果你已经尽最大的努力去干预这件事去帮助这个人提升个人表现，但最终失败了的话，那么请帮自己，帮其他员工还有这位员工一个忙，让他（她）走吧。

“很多工作能力不强的人在新环境里可能会迸发出新的能量，但是他们往往没有勇气自己去迈出这一步。对他们来说，解雇可能是促进他们成长的催化剂。”CEO公司的主要创始人罗伯特·谢尔如是说。该公司会为中等规模公司的CEO们提供建议，帮他们认清行业或市场的重大变化。他讲述了梅勒尼·杜尔贝科（Melanie Dulbecco）的故事，杜尔贝科在托尔公司做了20年CEO，该公司生产特拉尼糖浆调味品。2007年，托尔公司增长放缓，杜尔贝科知道，长期跟随她的这些管理人员已经无法带领这个总部位于旧金山的公司走向下一个阶段了。“她以一种有序的充满敬意的方式将团队进行大换血。托尔公司自此之后又重回业绩两位数增长时期。”谢尔说。

众所周知，Zappos的企业文化十分自由随性，而且他们公司的CEO谢家华为人善良。新雇员都会经历一个为期四周充满活力的在职培训。这也被当成一次延伸测试，以观察员工是否“适合”公司。在此期间，公司会毫不犹豫地辞退不能达标的员工。“我们雇人很慢，但如果发生这样的情况，我们会很快地就辞退这位雇员，”Zappos的招聘人员林赛·艾伦说，“大多数不适合的人是在培训课上被发现的，他们意识不到这还是一次测试，所以就会放松警惕。”

即使是在职培训结束后，雇员也有可能随时被解雇，因为他们的呼叫中心所在的内华达州是“劳动权利”州，这就意味着公司可以除工作表现以外的任何理由随时解除雇佣合同。雇用技术娴熟、性格与企业文化相符的员工，是对其他员工的忠诚。通过低流失率，谢家华证明了这一点：2011年，Zappos公司的员工主动流失率仅为8%。

培养员工、帮助员工成长是忠诚的回报

如何向你的员工展示你的忠诚呢？你的忠诚应该要让他们对公司的使命保持激情，能够激励他们努力工作，并且可以保证通过对他们的职业生涯进行投资而为公司带来益处。不要因为那些不断出问题的人而阻碍优秀员工的职业发展。要找到能激励优秀员工的方式，要去找寻那些能为公司

带来技能、知识和观点的人，并去培养他们。这不仅能够展示忠诚，而且对公司来说更具有经济意义。

最近的研究显示，比起培养公司内部有天赋的候选人，公司从外部雇人成本会更高，最后成功的概率也更低。在公司内部就有可造之才。不幸的是，根据沃顿知识在线（*Knowledge@Wharton*）的文章，除了经济条件让人感到不满意以外，目前雇员的忠诚度处在历史较低水平。文章引用了美国大都会保险公司发表于2012年3月的对雇员福利、发展趋势和态度所做的第十次年度调研，文章认为雇员忠诚度连续七年走低。调研发现，雇员中有三分之一的人打算在年底离职。凯业必达网2011年的报告中显示，76%的全职工作者表示，虽然他们不会主动去找新工作，但是当他们面临更好的工作机会时，他们会立刻放弃现在的工作。该报告还指出，其他一些针对工作忠诚度的调查都明确表示，普通公司每年会流失20%～50%的雇员。

尽管人们很想去跟自己的老板谈他们未来的前景，但大多数管理人员不会跟自己的雇员，包括高级人才谈论他们的职业发展。这简直就是浪费机会。如果你手下最优秀、最聪明的雇员感到他们在公司里有很多职位可以选择的话，他们会更愿意对你展示他们的忠诚，更愿意待在公司里并且好好工作。

雇用公司以外的候选人比从公司内部选人成本要高。2012年3月，宾夕法尼亚大学沃顿商学院一项题为《为什么外部雇员比内部员工薪水高、表现差？》的研究显示，同样的职位，外部雇员的薪水比内部员工要高18%，但他们刚进公司的头两年，表现评价往往会更差。招聘经理可能会被外部人员漂亮的简历所诱惑，或者是想要为公司引入一些新鲜血液，或者新的观点。但是参与研究的一位调研员马修·彼得威（Matthew Bidwell）说，公司往往会低估外部雇员融入企业文化的难度和成本。外部雇员进入公司后，成长的速度不如那些公司内部按照层级走上来的人。

一些公司意识到了内部员工的价值，开始在这方面采取措施。以前，如果员工关注公司内的其他职位，他们自己会感到愧疚并且还得低调行事，但现在情况变了。思科公司2010年研发了一个公司内部事业项目——人才互联，人力资源部门可以通过这个项目发现那些完全符合另一工作岗位的要求，并可以在该岗位上发挥很好的作用，但并没有在公司内寻找其他岗位的员工。人才互联能够帮助公司在有人才需求时更快地找到方案，而不必雇用外部人员，只需要去寻找、预筛候选人，之后进行内部面试即可。别忘了，专业猎头常常会收取高昂的费用。

思科全球职员副总裁马克·汉柏林（Mark Hamberlin）说，人才互联为公司省下了“几百万美元”的猎头公司费用，以及其他的相关成本。内部候选人能够填补现有空缺职位的80%，在10周的试运行期内，完成一次招聘的时间平均缩短了22天。从候选人和经理的反馈来看，这个新项目赢得了很高的满意度。其间，雇员调研还显示，工作人员对职业发展的满意度也上升了20%。

拉里·佩奇（Larry Page）的团队管理理念总结起来就是“组建你的团队，摒弃官僚主义”。多年来，佩奇坚持参与谷歌每一次的选人用人决定。公司里的第一批员工很多都来自密歇根大学或者是斯坦福大学，也就是佩奇跟他的合作创始人谢尔盖·布林（Sergey Brin）在读研究生时相遇的地方。最开始雇用的那批人有的已经离开公司，自己创办公司去了，但还是有很多人留在了谷歌。2011年，谷歌主要产品部门提拔的六个人中，有三个是佩奇1998年雇用的创始十人组中的。尽管佩奇和他的招聘团队积极地引进了上千名极有天赋的研究生加入公司，但他依然很努力地去简化中层管理结构，减少官僚主义，并向现在的员工群体开放更多的成长机会。

2011年，谷歌把公司的内部职位公告板变更为现有的网站——Magnet，该网站可以为员工提供内部职业途径的详细信息，并鼓励部门和项目之间的人员流动。员工们可以通过在这个系统中标记自己来寻找新的机遇，内部招聘专员或者是注意到本部门有新岗位的经理们就可以看到他们的信息。当经理们知道，员工自己可以将自己的信息放在公开的内部市场上的时候，他们就很少会留着人不放。如果他们的员工确实流动到了其他部门的话，至少他们知道这个人还在公司里，而且他们也可以通过同样的途径找到其他人才来填补这个位置。

1999年起，董事长兼CEO拉尔夫·施雷德（Ralph W. Shrader）开始担任博思艾伦咨询公司的高层管理者和技术顾问。在他的带领下，公司经历了一个重要的增长阶段和转型期——剥离公司原有的商业管理咨询业务，进行私募股权投资还有公司上市等。施雷德说，他会聘用那些专业水平高超的人，这是他们最终进入公司决策“核心圈”，并成为战略制订者的初始因素。所以在博思艾伦咨询公司晋升的“第一要素”就是工作表现要维持专业水准。

为了帮助员工提升专业能力，公司开创了一个内部招聘系统叫作“内部人优先”。这个系统允许对各个行业、领域都十分熟悉的公司招聘专员确定谁才是空缺职位的正确内部人选。经理和雇员也可以进入空缺职位和职员档案数据库，公司鼓励他们去使用。每个业务部门都会有一个招聘专员来充当职业教练和牵线人。公司人文服务部门负责人露西·索伦蒂尼（Lucy Sorrentini）说：“25 000个公司雇员中有30%是在2012年时通过该系统从公司内部招聘的，这个比例比2010年度时高出20%。”她还说，因为内部招聘的员工对公司的文化有所了解，而且与其他团队的成员也有比较好的沟通和配合，所以他们比外部雇员更容易融入新工作中。以上这些都让员工培训和技术研发，而非市场营销。

所以，即使初始投入可能对公司短期利润造成影响，但长期来看，它肯定会给公司带来回报。“我们公司的‘口袋’和‘抽屉’变多了。”古森重隆告诉“主题”，意在表示业务多样化和新技术给了他们更多选择和营业收入。

富士胶片在数码相机、镜头和摄影画册市场上一直都占据领先地位。他们还生产办公室打印机以及其他设备。通过精准采购和将营业收入的6%～8%投入研发，富士胶片实现了公司重新定位。古森重隆掌管了具有极高增长潜力的六个业务领域，分别是医疗系统、图像系统、光学设备、办公设备、数字成像以及功能性材料等。这些领域都以这样或那样的方式与胶片技术相关联。

根据富士胶片的报告，胶片销售收入下降速度从2012年起开始放缓，这十分具有讽刺意味。富士胶片部门的产品经理加布里尔·德克斯塔（Gabriel Decosta）告诉TechRadar科技网站，他们的下场并不凄惨，胶片部门还有很多值得高兴的事情。他说道：“我们的胶片业务还在盈利，尽管我们仍会看到有所下降，但是不像六个月前那么猛烈了。我们不是很确定原因是什么，可能跟柯达的衰败有关，或者也许是跟复古相机的回归有关。”所以，并不是说当你的忠诚开始有所转变时就需要完全放弃以前的成功产品，你只是需要重新思考它们在布局中的位置。

关键点总结

全方位忠诚的领导者：

· 允许并鼓励员工成长；

· 灵活对待积极且高产的员工；

· 允许员工失败，并保证每个人都会从失败中获得教训；

· 不要让一个糟糕的主意或者表现不好的员工拖累整个公司；

· 做决策的逻辑应该是要么做了会对业务好，要么对所有员工好。

第八章
关键六：清醒的乐观主义

我总是喜欢看到生活中积极的那一面，但我也很务实，因为我知道生活是复杂的。

——沃特·迪士尼（Walt Disney）

NICE COMPANIES
FINISH FIRST

我有一个朋友，是一个餐厅老板。他在自己的家乡——一个位于美国中西部的中等规模城市，开了好几家墨西哥卷饼和啤酒塔可餐馆连锁。杰克（化名）是一个超级自信的人，这也是我非常欣赏他的一点。他的第一个墨西哥卷饼餐厅从最开始就是一个灵机一动的想法。所以，作为一个创业者和潮流引领者，杰克所必备的自我描绘能力已经得到确认。第一次创业成功以后，杰克能继续把生意做大是有迹可循的。

杰克买了一些别的店面，收购了一些倒闭的饭馆，并把这些店面装修成餐厅样式。18个月之内，他就有四家店面开张。他的五家店面中有两家刚开张的时候，生意十分惨淡。杰克根据经营比较成功的店面使用的营销策略，开始对那些生意不太好的店面进行改造。他的经理们建议他，一种策略在一个地方可以成功，但在另一个地方就不一定也能奏效。他听取了他们的这些建议，但最后还是认为自己是正确的。

“这些经理对附近的店铺了解程度跟我一样，都不多。”他说，“他们只是没有好好工作。”

他对自己认为可能会有作用的办法十分投入，以至于他从不会考虑自己的主意最后可能达不到预期效果。杰克就是不愿意承认不同的店面需要使用不同的策略。这很讽刺，因为他觉得自己可以“教育市场”，这确实是一个新手创业者的错误认知。他对自己用在某个市场中，并已得到成功验证的某种模式表现得十分钟爱。但是因为这两家店营业额还是呈螺旋式下降，并且无论如何努力，他都很难让员工提起士气。

他一次次地说一些鼓舞士气的话，但都很难再激起员工们的信心。这些鼓舞士气的话虽然很有格调，但没有实质意义，结果什么用都没有。最终，杰克不得不关掉五家餐馆，因为那两家经营不善的店面耗尽了他所有的资源。

很不幸的是，当杰克的银行账户的余额所剩无几的时候，他却愈挫愈勇了。即使是餐馆倒闭之后，他仍然坚持认为自己是正确的；错的人是消费者。经济形势也不好，产品成本和用工成本都太高。假如有一天他遭遇一次车祸，他也会去责备那辆车。我开始以一种不同的眼光审视他的自信和个性。杰克富有魔力的乐观态度没能帮他克服一切阻碍。相反，他的这种过分自信是有害的，而且他对一切外物都持有一种悲观主义，这就形成一种非常诡异且有害的组合。所以，杰克就是我说的那种“只有半瓶水”的悲观者。阴和阳出现混乱，杰克将自己视为天才，相信自己的能力和公正性，同样他也相信批评他的人都是错误的。他以一种高度的悲观主义看待这个世界，所以他的生活从来不像他这个人一样完美。杰克是傲慢的，这种过度骄傲经常会导致他做出一些不理智，甚至对企业有害的行为。

乐观主义会反噬吗？

事实确实是这样的。尽管很多针对普通人和领导者所做的心理学研究显示，正向的情感（乐观主义）和正向的产出之间是有关联的，但是也有研究显示极端的乐观主义最后会带来十分愚蠢的管理失策。

“作为一个领导者，你的工作是去引导和激励。”杰克·韦尔奇（Jack Welch）和苏西·韦尔奇（Suzy Welch）在《商业周刊》上的一篇文章中这样说。他们认为，如果领导者谈论失败的风险，成功的机会就会受到影响。比如，福特总裁艾伦·穆拉里（Alan Mulally）以一种乐观、充满希望的语调激励员工，关于这一事有很多报道。纽约时报记者乔·诺塞拉（Joe Nocera）发表的一篇报道中写道，福特的首席财务官路易斯·布斯（Lewis Booth）说：“穆拉里是一个非常积极的人，在艰难时期，人们需要看到希望，穆拉里就能够明确地传达出这种希望。”

《福布斯》撰稿人卡尔米内·盖洛（Carmine Gallo）描述了穆拉里的“持续乐观”并表示，“即使是在2008年，汽车行业危机进入低谷期时，穆拉里脸上也总是挂着笑容，步履中充满活力。他有一个计划，他知道不论发生什么，坚持这个计划就会带来良好的结果”。福特可以用他们过去取得的成绩证明这一点，穆拉里关注产品质量、燃油效率，推行简化生产线，倡导全球化，而且他更关注利润而非市场占有率，他的这些策略改变了公司。

另一方面，还有一大批可靠的研究员、分析师以及商业人才，他们会给通过乐观主义来领导公司的CEO警告。“乐观主义会使你看不到障碍，让你很不理智地承担风险”，一位经验丰富的创业者，诺姆·布罗茨基（Norm Brodsky）在《公司》杂志上这样写道。

东南俄克拉荷马州立大学约翰·梅西商学院的C. W. 冯·伯根（C. W. Von Bergen）和马丁·S. 布雷斯勒（Martin S. Bressler），在看过了针对商业人士的乐观主义所做的各种各样的研究之后发现，尽管乐观主义对健康和幸福水平大有裨益（如：乐观的人会长寿、疾病恢复较快，更少的人会认为你是一个容易沮丧的人，等等），但在商业策略上，它却有负面影响。两人所著的题为《过度乐观阻碍创业者成功》（*Too much positive Thinking Hinders entrepreneur success*）发布在《商业和创业日报》（*Journal of Business & Entrepreneurship*）上的研究论文写道："过度乐观的人……倾向于设定过高的、不切实际的目标，而且经常会对他们能够实现这些目标有一种过度自信。"这肯定会让过度乐观者陷入大麻烦。

《为什么聪明的高管会失败：你可以从中学到什么？》（*Why Smart Executives Fail: And What You Can Learn from Their Mistakes*）的作者悉尼·芬克尔斯坦（Sydney Finkelstein）总结了一项针对51家公司所做的长达6年的研究发现，经营不善的公司的高管往往会对一些乐观的被扭曲的事实十分关心。他注意到，这些高管总是会低估企业遇到的困难，坚持"盲目'积极思维'经常是一些经营失败的企业主要的价值观，这也是他们所在企业失败的根源"。其他研究者发现，过度自信导致的错误决策最终引起边际利润降低、雇员遭解雇，甚至是公司破产。很多例子可以证实这些发现。换句话说就是，一旦你过度乐观了，可能就是"老兄，你头脑不清醒了吧？"

世界通信公司的前掌舵人大卫·迈尔斯（David Myers）就承认，自己对公司的财务问题过于乐观了。这导致他使用欺骗性的审计方式掩盖盈利下降的事实，然后告诉他自己和那些紧张的雇员说，一切都会好起来的。当他摘下乐观的眼镜时，一切都晚了：他因为审计欺诈被捕了。

凯马特公司前CEO查尔斯·科纳韦（Charles Conaway）把这家零售公司带入破产境地，最后因其误导投资者而被要求支付1 000万美元赔偿款。美国证券交易委员会说，科纳韦没能告诉投资者，凯马特正在延迟向供应商支付货款以节省现金，从而掩盖公司财务状况恶化的现实。其他人认为，科纳韦当时很难应付得来，这种不切实际的期待是他试图扭转公司命运的一种方式。华尔街的分析员抱怨道，科纳韦不报告这家真实状况不怎么好的零售商的真实数据，为凯马特“放出太多烟幕弹”，这让分析员的客户们在投资者电话会议上挂断了电话。

1982年，斯科特·麦克尼利（Scott McNealy）与他人联合创立了Sun公司。2001年，经济出现衰退，公司领导层建议麦克尼利减少开支，辞退非重要岗位员工，减少研究项目，研发一批低价产品。麦克尼利忽视了这个建议，他认为此次经济衰退会在几个月以后过去，并且后续会经历一波强势经济恢复。麦克尼利非常乐观，并且认为自己比华尔街的专家了解得更多，因此他开始增加开支，并在新项目上大举投资。然而这次衰退长达九个月，而非两个月。从2001年到2004年，Sun公司的营业收入减少了48%。同期，其股价从每股64美元跌到每股4美元左右。

乐观主义这种特征到底是好还是坏呢？让我们花一分钟的时间，回顾一下我朋友杰克的故事。我们身边那些“只有半瓶水”的人总是会对自己的能力保持乐观，却对外部的信息和人的可信度持怀疑态度。但相反地，“还有半瓶水”的人（比如穆拉里）就会十分乐观地认为总会有解决问题的方案，并且相信必须采用正确的方法以及策略来使当前的困境出现转机。进行机构研究的学者将其称为“解读性矛盾”，或者说是“可以从积极和消极两个方面看待问题的能力”。这些人相信，自己能够做出决策并且能一直坚持下去，当采取的措施没有奏效的时候，他们还可以十分明智地改变策略，而且迅速开始执行。换句话说就是，当环境允许的时候，他们可以保持既积极又消极的态度。

还想听一个“只有半瓶水”的人的例子吗？就像我之前提到的那样，我闲暇时会去跳伞。跳伞不仅仅是跳出飞机，然后着陆那么简单，这是一种空中杂技，需要知道如何控制身体，好让自己能做想做的动作，要知道何时打开降落伞，如何在着陆的时候不要伤害到自己和别人。轮到我跳的时候，我会很乐观地认为，我会降落在某个地方，因为我接受过训练。如果没有经历过不好的事情，不明白可能会出现什么问题，以及如何处理这些问题的话，我还会这么乐观吗？不太可能。乐观主义是一回事，但盲目乐观就是自杀。

“还有半瓶水”的人会非常执着且十分果决

“还有半瓶水”的人是乐观主义者，但不是盲目乐观者。焦虑不会阻碍他们的决策，他们能做成事，比如福特的穆拉里。他能让福特发生转变，他与员工们交谈，吸引他们，赢得他们的信任和热情并使他们参与变革。然后他就开始执行自己的策略，他相信自己能够成功，而且愿意在没有成功之前调整某些措施。

布斯商学院史蒂芬·尼尔·卡普兰（Steven Neil Kaplan）教授赢得他们的信任和热情及两位研究员得到了一份关于300位私募股权公司CEO候选人的详细评定报告，这些公司有的是做收购的，有的是做风险投资的。他们发现，与执行力相关的一些技巧，比如执着性、效率以及积极性等，都是那些最成功的CEO共有的非常重要的特点。“执着的领导者不会放弃，他们会在没有完成一项任务之前一直坚持。高效的CEO会在短时间内做很多事情，积极乐观的人会有自我定位，并且会不断带来新的思路。”卡普兰写道，“如果领导者的事情都做不完，员工就会受挫并且离开，特别是那些比较优秀的人。”

50年多前，20世纪伟大的管理思想家之一彼得·德鲁克（Peter Drucker）曾写过一本畅销书——《卓有成效的管理者》（*The Effective Executive*）。卡普兰提醒读者，德鲁克是基于个人观察写成的这本书，但他得出的结论跟卡普兰和他的同事做完更加科学的分析后得出的结论是一致的，即：“高效的管理者会做对的事情。”

要做对的事情需要一种积极的态度，不安、恐惧和沮丧等消极情绪往往会使你丧失做决定的能力。人们自然而然地就会被那些能够做出决策，并能陈述其理性依据的人所吸引。而且，一个领导者在制订和实施决策时候，应该与公司的使命、价值观以及核心原则保持一致。卡普兰和德鲁克所描绘的，正是我说的“还有半瓶水的人”，这些人能看到成功的可能性，并且对此十分相信，但是他们还是会很实事求是地去评估挑战。

“还有半瓶水的”领导者有以下七个特点：

（1）对成功的可能性富有热情，但不会盲目对待问题；

（2）是行动导向型的人；

（3）在做出最终决策之前，会花时间考虑所有的可能性，以及可能的结果；

（4）及时决策不犹豫；

（5）所采取的措施与公司的优先项和利益保持同步；

（6）能有逻辑地阐明制订决策的原因；

（7）能够在工作与生活间保持平衡。

米勒时代

1909年，密歇根之星家具公司雇用了18岁的德克·扬·德普雷（Dirk Jan DePree）当柜员。10年以后，德普雷成为公司总裁。1923年，他成功说服自己的岳父赫曼·米勒（Herman Miller），买下了公司大部分的股份，并将公司改名为赫曼·米勒公司。尽管赫曼·米勒公司在做生意这件事上从来都不张扬，但德普雷一直都备受赞誉。因为他坚持质量原则，会使用最好的原材料，雇用最优秀的工人。

1927年，一位水车工死于工伤，德普雷慰问了他的家庭。水车工的遗孀读了丈夫写的诗，德普雷深受感动，于是承诺要将每位员工视为拥有特殊才能和潜力的个体，这段故事后来写入了公司的历史。（在这里，我想说，德普雷真的是一位非常伟大的领导者，所以他才能做到这一点。）

跟其他公司一样，赫曼·米勒公司在大萧条时期也经历过低迷。在寻求将公司带出困境的方法的时候，德普雷遇到了来自纽约的设计师吉尔伯特·罗德（Gilbert Rohde），此人认为德普雷应该改变赫曼·米勒公司原来那种复制经典款式家具的做法，进而转变为一个创新型公司，生产能够顺应美国人不断变化的需求的产品。德普雷采纳了他的建议。1933年，公司由罗德设计的一系列现代化家具在芝加哥“世纪的进步”世博会上首次亮相。后来，公司也开始生产现代化家具，现在还引入了乔治·尼尔森（George Nelson）、雷·埃姆斯（Ray Eames）、查尔斯·埃姆斯（Charles Eames）、野口勇等人的一些标志性设计。

德普雷于1990年逝世，享年99岁。其公司一直是现代家具设计的引领者。

你要告诉他们你想到哪里去，这样他们就会有所希冀，去完成必要的工作以抵达成功的彼岸。

——布莱恩·沃克（Brian Walker）

赫曼·米勒公司于1994年推出艾龙椅（Aeron Chair）。艾龙椅的设计者是比尔·施通普夫（Bill Stumpf）和唐·查德威克（Don Chadwick）。面世之后，艾龙椅很快就成为赫曼·米勒公司最受欢迎且盈利性最好的产品之一。1999年，艾龙椅赢得《商业周刊》杂志和美国行业设计者协会联合授予的“十周年最佳设计”奖。现代艺术博物馆将椅子的样品作为永久展品陈列在展厅中。在互联网高速发展时期，艾龙椅成为每一家初创企业高管——准互联网亿万富翁——的标配，它是力量和创新的象征。根据资深撰稿人琳达·蒂施乐（Linda Tischler）发表在2006年6月的《快公司》（*Fast Company*）上的一篇文章来看，互联网初创企业确实在大批量订购艾龙椅。“2000年底，公司订单量从每周20 000把，增加到每周30 000把。”她写道。

但仅仅一年以后，网络公司不景气，进行停业清理大拍卖，艾龙椅的零售甩卖价格仅为700美元。艾龙椅在eBay上的销售排名就落到了第三位甚至更低。一旦网络公司的股价开始波动，大量公司关门歇业，像其他经历过互联网经济繁荣期的办公室家具制造商一样，订单下降得让赫曼·米勒公司措手不及。

“那两三年，公司销售额下滑了45%，这个行业就像心脏病发作了一样，”2001年，赫曼·米勒公司董事会主席兼CEO迈克尔·沃克曼（Michael Volkema）告诉《快公司》，“1995年，我接管公司的时候，年销售额不到10亿美元；到2000年左右，达到了22亿美元；2003年，就跌到了13亿美元。

车。

它的强势存在体现在尽管日本经历了强震、泰国发生了大洪水，致使关键零件供应减少，导致全球汽车工厂生产受阻。但事实上，日产是日本三大汽车生产巨头中最快从上述两场灾难中恢复过来的。

> 我的孩子对我保持平衡很重要，因为他们告诉我，公司高墙外边的世界正在发生什么。
>
> ——卡洛斯·戈恩

那么，作为一个根本不会说日语的巴西出生的高管，戈恩是如何在一个普遍不相信外来人的文化环境里，把日产这样一个拥有18 000多名员工的公司经营得如此成功的呢？戈恩对于自身或者其他人精准预估消费者行为的能力持保留态度，他因为十分果决且善于应对消费者行为改变而出名。“我们不知道市场会往什么方向发展，我们必须观察产品为什么开始不受欢迎了，看清趋势，关注市场上的每一次波动，准备好技术，等消费者开始有这样或那样的想法的时候，随时站出来满足消费者的需求。”他说。

公司从2012年的第一季度净利润报收753.4亿日元（约合9.56亿美元），比2011年第一季度增长307.7亿日元（约合3.91亿美元）。这个数据比FactSet记录的分析家预估的685亿日元（约合8.7亿美元）还要多。那个时期，日本市场的SerenaMPV、美国市场的全尺寸美版天籁、中国市场的日产阳光以及欧洲市场的逍客小型SUV的需求量都十分可观，在这些明星车型的带动下，日产的销售额全线增长。戈恩预计日产2012年的营业收入增长率为9.5%，超越2011年7.2%的增长率。

这不算什么。1993—1999年，日产全球运营连续七年遭遇亏损。其间，日产的销售业绩表现很差，预估业绩也十分低迷。因此，信用评级公司声称，会将日产债券等级从“投资级”下调到“垃圾级”。同时，亚洲正处于有史以来最严重的一场金融危机之中。1999年6月，日产聘请戈恩挽救陷入危机之中的公司，此前他在法国汽车公司雷诺所做的削减成本的工作为他积累了荣誉。他接受了，面对的是前所未有的财务和管理上的挑战。在接受挑战后不久，他在2000年成为日产的总裁，2001年被任命为CEO。

尽管戈恩面临重重挑战，但他展现出了一种坚决的态度和自己可以拯救这个企业的乐观。在接手日产之后，他在一次丰田车展的新闻发布会上简单陈述了自己的计划。他解释道，要将自信、责任感，以及他拯救日产的计划结合起来，并承诺一旦他和他的团队不能实现预期效果，“我的执委会和我将引咎辞职”。

他很快就开始在日产实行日产复兴计划（NRP），降低成本，同时增加利润。仅用了不到18个月的时间，就使日产重新开始盈利，并实现公司历史上最佳财务表现。为了解决日产的问题，戈恩和他的团队必须密切关注所有员工的意见，不论他们是什么级别。然后对大家的言论做出分析。“我认为，一个优秀的管理者，应该用90%的时间去倾听，用10%的时间来陈述。”他说。

保障戈恩计划成功的一个关键因素在于，他们创立了一个功能交叉、层级交叉的团队。这就意味着做市场的员工可以和制造工程师、特许经销商一起完成一个项目，而不是带着可能有所交叉的目的分头工作。“戈恩相信，把罐子里的东西混在一起会有利于创造价值，这种价值不混在一起，是看不到或者发现不了的。”法国海姆高等管理学院教授大卫·埃文斯（David Evans）在研究过戈恩的管理风格之后，做了这样的评价。

团队在得到具体项目的同时，也会被赋予灵活性和相应的资源来保证项目进展，这被证实是一种十分聪明的管理策略。哈佛商学院教授特蕾莎·阿马比尔（Teresa Amabile）在她《激发内驱力: 以小的成功点燃工作激情与创造力》（*The Progress Principle: Using Small Wins to Ignite Joy, Engagement, and Creativity at Work*）一书中研究了如何激励员工和团队，使其保持工作热情。她发现，比起钱，认可度、人际支持或者清晰的目标，能够让员工在取得进步的时候更容易变得积极。

为了提升洞察力和创造性思维，戈恩这个因工作日会把大量时间投入到工作中而出名的人永远都会把周末留给妻子和他的四个孩子。“我的孩子们对我保持自我平衡十分重要,”他在一次采访中表示,“因为他们告诉我，公司高墙外边的世界正在发生什么。读书是我获取精神滋养的另一种方式。”当你在考虑这件事的时候，戈恩正在谈论“平衡”—— 一个顶级管理人员具备的关键特性。

即使是在2009财年，对其他汽车制造商来说是经营十分困难的一个年份，日产也还是盈利的。奥巴马政府甚至在对通用实施财政援助期时邀请戈恩来管理公司。但戈恩当时正负责日产-雷诺联盟项目，所以拒绝了这份工作（想象一下拒绝美国总统提供的工作，是一种什么样的感觉）。“2009财年不管是对全球经济，还是全球汽车行业来说，都是一个非常具有挑战性的年份。”戈恩说，“我们度过了金融危机和经济衰退，但我们在战略优先项上没有半点让步。比如说，我们没有减缓对零排放社会的贡献性投资。2010年，日产-雷诺联盟成为大规模市场可负担零排放车型的引领者（LEAF）”。日产在美国和日本市场的车辆预订订单，超过2010财年全年的最大生产能力。

戈恩有充足的理由高兴——这是一种对他和日产都十分有帮助的态度。

关键点总结

在面对逆境时展现出勇气的领导者：

· 看到“一切都好”和“如果我们这么做的话，一切都会好起来的”之间的区别；

· 在困难时期，要保持创造性，重视创新；

· 不要太在意坏消息；

· 不要推卸责任或者是嫁祸他人；

· 明白企业道德观是从高层办公室或者是董事会办公室向下传导的；

· 奖励透明，团队合作。

第九章

关键七：以客户服务为中心

实话实说，一个浑蛋是不可能在服务行业长盛不衰的。在服务行业，荣誉意味着一切。

——肯尼斯·切诺特

NICE COMPANIES

FINISH FIRST

客户服务是我个人十分关心的一点。当然，本书中所提到的所有特征都十分重要，但是我特别关心客户与企业的关系，以及这种关系如何建立。事实上，我去年就写过一本关于客户服务的书，书名叫作《客户服务：社交媒体世界的新规则》(*Customer Service: New Rules for a Social Media World*)。让我尽可能说得便于理解一点：没有一流的客户服务，你的公司肯定会倒闭。这句话不是在恐吓你，这是事实。如果你不能全身心地投入，让你的客户服务做到行业领先，或者让人惊艳，如果你做不到全公司上下都保持这种心态，那么你的公司迟早会倒闭。但是还有一件很有意思的事情：优质的客户服务很容易建立起来，而且成本很低。这会是你最具价值的资产。

那么为什么优质的客户服务如此少见呢？为什么我们生活在一个大家都不再对完美的客户服务抱有期待的世界里呢？事实上，客户服务水平的标准正在逐年下降。比如，20世纪50年代的时候，当你驱车进入任意一家加油站，都会有四位穿戴整齐的服务员跑过来为你服务，检查油箱、加油、清洗车窗，每人负责一项工作。事情确实就是这样的。你能想象吗？四个人，等你开车进来，而且真的是跑过来为你服务。

前不久，我开车去亚特兰大市演讲的时候，途中停下来加油。美国各州中有两个州——新泽西州和俄勒冈州（还有亨廷顿镇和长岛，别问为什么）的法律是不允许司机自己加油的。1949年通过的法律禁止自助加油，到现在该法律依然有效，其依据是非专业加油人员有可能把自己炸飞。所以，一位加油站服务人员就过来了。加油过程中，她真的自己主动帮我清洗车窗！我很震惊，所以给了她小费。据我所知，我以前从没遇上过这种事情。但是在20世纪50年代，这种服务和小费支出是再正常不过的了。

如今，服务标准降低了。或许有些人愿意自己加油，或者是已经习惯了自己加油。我们已经对太多差劲的服务表示习以为常了。而且，最糟糕的是，对于客户服务，我们期待的评级就是“差”。如果幸运的话，我们能碰上“一般”的服务。很棒，事实上这对你来说就是一个好消息。你也看到了，因为我们对客户服务的预期普遍很低，所以每当你有机会的时候，要让你所有的顾客感到痴狂，让他们震惊，然后轻而易举地就使顾客100%地爱上了你公司。你需要做的仅仅是确保你和你的团队把你们的客户服务做得比“超级烂的水平”高一个级别就可以了。感到很惊讶吧，你甚至都不需要向完美、棒极了或者杰出靠拢，就可以跟标准水平有所区别。你所做的任何一件“比超级烂的水平”高一个级别的事情都是十分罕见的，而且超出人们的预期。所以一旦你做了，你就可以征服全世界。

2010年，《哈佛商业评论》（*Harvard Business Review*）发布一项研究题为“不要再试图取悦你的客户”的研究。研究发现，一旦客户参与了客户服务，客户的忠诚度就会开始下降。以下是令人感到恐惧的几项事实，据称，56%的消费者需要重复解释问题；57%的消费者需要在网页和电话客服之间转换；59%的消费者需要在解决一个问题上，耗费中等及以上的精力；59%的消费者称自己会被转到另一个客服人员那里，因为第一个客服人员无法解决问题；62%的消费者称自己需要不断联系相关公司，寻求解决问题的方案。这项研究的作者包括来自企业执委会的研究人员马修·迪克逊（Matthew Dixon）、来自销售管理人员理事会的凯伦·弗里曼（Karen Freeman）以及来自客户联系理事会的尼古拉斯·图曼（Nicholas Toman），他们发现“客户忠诚度与公司如何传达其基本要素的关联更大一些，对基本功能做出承诺，都比令人炫目的服务体验有用得多”。

要我说，优秀的领导者会认识到企业的第一优先项是确保团队能够遵守对社会的承诺。我们的原始本能，就是要拿出对待给你发工资的人的态度来对待客户。因为，他们的确是给你发工资的人。承诺得简单一些，然后实现。

取胜最简单的做法——再来一次

前不久，我收到了考夫公司总裁约翰·考夫（John Korff）的一封邮件。该公司承办每年夏天广受关注的纽约三项全能赛。这现在是整个纽约体育界的年度黄金赛事之一，与纽约马拉松和纽约铁人三项赛并称为纽约三大赛事，考夫担任整个赛事负责人已经有十余年了。

起初，我以为这只是一封群发的套用邮件，因为这已经是我第八次申请参加纽约三项全能赛了。为什么这么多次呢？因为我是一个不长记性的傻子……不好意思，我跑题了。

我打开这封邮件，看到的是一封真实的邮件，是考夫本人发来的。他祝贺我今年再次成功参赛，并感谢我第八次参加这项赛事。我还是很确信这是一封群发邮件——客户关系管理（CRM）软件很轻易就能掌握这些信息。但尽管如此，这也是一个不错的尝试。无论如何，收到这封邮件的时候，我恰巧坐在电脑前，所以我几乎是立刻回复了考夫，感谢他的提醒，并且告诉他，我下个月还会参加纽约铁人三项赛。我并没有期待他会回复，因为我依旧认为自己正在给一个自动回复邮件写回信。

两分钟以后，我收到了新邮件。“天哪，彼得，你参加了两项比赛。你知道吗？我们把那些参加纽约三项全能赛之后还会参加纽约铁人三项赛的人称为‘哈德逊双雄’！”所以竟然真的是他。那是一个周二晚上的6:55。

是什么促使他给我写了这封邮件呢，他是在找回头客吗？看起来像。还是在找那些多次参与纽约三项全能赛的人呢？如果是这样的话，这真是一个很聪明的举动。要知道，参与这些赛事的费用极高。或许他意识到了这一点，希望我们知道，他注意到了我们对于他负责的这项赛事的持续支持。或许是他就是一个很友善的人。也或许是这都是计划好的，邮件按照一个表格顺序发出，我恰好是这个时间收到这封邮件。

是什么都无所谓了。我在世界各地参加过无数次这样的比赛，这是我第一次在毫无预兆的情况下，收到比赛策划者亲自发送的感谢邮件。你可以肯定，只要在身体允许的情况下，我肯定每年都会参加他策划的赛事了。还有另一件事也十分重要，我不得不说。考夫的赛事运作得非常好，各项环节都组织得十分严密。我从没有在某一次赛事中，因为员工错误而气恼过。他们简洁、高效，准确地做着自己的事情。

客户忠诚度是建立在一些你意识不到的小事上的，但是这些小事一旦出现问题，你就会有直观感受。这并不是要完全超越你的客户的期待，就像是将一块牛排送到机场给客户那样（不是说这样做有什么问题，看你如何认识整件事）。但很讽刺的是，我认为这里有一个问题——这是大部分公司出现断层的地方。我们误以为最优质的客户服务必须是那种“高大上”的大动作，能够成为头条新闻并且值得大篇幅报道的那种。那种服务是很好，但是以一种客户服务的逻辑来看，这是错的。

我要告诉你的是：对于客户服务来说，最能得到认可，且最为有效的方式是做好基本服务，让客户的生活变得更加简单。这才是能够增强客户忠诚度的事情。这些事可以成为日常工作要求，除了让你和你的团队达到标准要求的培训成本以外，几乎不需要额外的成本。只需要做到“良好”就可以留住你的客户，提高客户满意度。而且这还可以通过社交软件等平台口口相传，扩大你的客户群体。如果你专注于基本服务，开始以人为本、尊重客户，你的公司就会受益，客户会增多，最重要的是利润会增加。

此外，还是要不断地去制造那种会迅速传播，并且能成为头条新闻的“大场面”客户服务新闻。只要这么做不影响你们专注于提供基本服务的核心任务，并且符合你们的最高服务标准，还能很好地体现你们服务标准的话，那就去做吧，也许某个时刻就会成功。但也要花时间在一些小事上：培训员工，让他们尽量在不需要主管同意的情况下，就可以自己解决问题；保证交易的简洁性和愉悦性；当客户购买了你们的服务或产品时，要对其表示感谢；给客户发送一封“很高兴能继续为您服务”的邮件，这封邮件要发得出其不意；给你最喜欢的客户打电话，向他们推荐他或她可能喜欢的商品，并且向他们表示感谢（这一点我已经提到很多次了，我非常喜欢）；一旦你做好了基本服务，然后又能做得比平均水平再好一些的话，你的客户为你带来的市场推销和公共关系效益，会让你感到惊讶。

尊重！——这对你的客户来说非常重要

客户忠诚度源于对客户时间、资金和业务的尊重。记住奈飞公司犯过的错误带给我们的教训。曾经，奈飞公司的股票炙手可热，公司也因其非常先进的理念和兑现承诺的能力而备受赞誉——电影上线快，没有后续费用。2011年初，因为公司CEO里德·黑斯廷斯（Reed Hastings）在客户服务问题上的几个重大失误使奈飞市值一度下跌了60%。这次下跌始于他宣布：奈飞将把公司不是很赚钱的DVD邮寄业务与公司当时火爆的互联网流媒体业务分开，同时将两种业务的价格进行了上调。奈飞的客户们对于公司两项业务分开的决定感到十分困惑，电影观影者们总是会觉得这两项业务并行时，比较舒适。不喜欢看DVD，没问题，你还可以选择在线看电影，这多好。但是现在看来，奈飞需要客户再交一次高昂的会员费，才能享受到另一种定价很高的服务。让客户感到更加气愤的是，奈飞的服务价格一夜之间上涨了60%。这次突发变化和涨价之后，很多媒体都报道称，奈飞公司2011年第三季度流失了将近80万的订阅量。

这次客户危机太严重了，黑斯廷斯就此向客户道歉，并且改变了最初要将DVD业务和流媒体业务分开的计划。“我搞砸了，我欠大家一个解释，”他在奈飞网站上写道，“有一件事情是很清楚的，将两项业务分开会让我们的很多会员感到不方便，所以我们会继续将奈飞的流媒体和DVD内容放在同一个网站上。”黑斯廷斯的确将涨价控制在合理范围内了，但是，这并没有挽回众多已经流失的会员。

迅速道歉很有必要，但是还是那句话，自始至终，黑斯廷斯都是事后才想起他的客户们。《市场观察》（*MarketWatch*）报道称，2012年7月中旬，奈飞公司股价出现短期上涨，但几天之后就下跌26%。据称其股价下跌的原因是“公司表示年内达成700万订阅用户的目标具有挑战性，其采取的应对措施较为消极”。并不是所有人都不看好它，有分析师建议购买奈飞的股票，等待其反弹，但是这一趋势部分还取决于奈飞能否寻回它的客户魔力。

我现在使用安卓系统的智能手机，主要是因为我之前的黑莓手机带来了很不好的使用体验。在我认识的人里，我曾经是黑莓手机最大的支持者，一直忍受着朋友们对我不使用安卓手机或者苹果手机的吐槽。我常用一个很有意思的社交网站Foursquare。作为该网站的第一批用户和忠实粉丝，我向别人推荐这个网站，并持续不断地把这个网站介绍给我身边的人，因为我对他们的理念深信不疑。但是随着出国次数增多，我越来越觉得，Foursquare在黑莓手机上变得特别难用。最终，因为无法从捷讯移动（Research In Motion，黑莓手机制造商）或是Foursquare公司得到答案，我换了安卓手机。如今，我再也不用黑莓手机了。

当你处理客户关系问题的时候，这两种方案你必须选择其一：直接站出来，告诉大家某种类型的客户是你准备放弃的，或者是对所有客户给予平等的关注度。Foursquare就是前者，在他们这里得不到答案，于是我就换了一个别的平台。如果捷讯移动不想跟Foursquare合作，Foursquare也不想支持黑莓手机的话，那么他们都需要站出来说明这一点。这没什么，他们只是在做一个企业决策而已，这个决策可能会让一部分客户不开心，但是他们在积极应对，而不是坐在那里，一声不吭。从长期来看，那些一言不发的公司注定是一事无成的。

再试一次：其实并没有那么难

CEO们不可能只坐在自己的办公室里就能经营好一家公司，那样肯定是行不通的。对于一个想要采用一种较为激进的方式去处理客户服务问题的公司，必须投入全公司的力量去做这件事。但是只有当他们看到管理层是这么做的时候，这件事才有可能。或许捷讯移动的CEO索斯滕·海因斯（Thorsten Heins）和Foursquare公司的丹尼斯·克罗利（Dennis Crowley）对成为一个全方位服务企业并不是很感兴趣，也许是他们并不关心客户对于服务能力不足的感受。当公司上下为Foursquare的成功而感到兴奋的时候，这个问题就被忽视了。在我看来，Foursquare必须找到这个问题，并在相关领域占据领导地位。捷讯移动也有需要处理的问题。不然的话，后来者就会抢走他们的风头。美国在线邮件（AOLmail）以及很多类似公司，在初创时期就遭遇过这样的问题。

当你的客户服务变得个性化时，你们公司的会员就会受到很大的影响。我曾听说，有一位CEO开车去一位客户家送一个客户急需的零件，因为这个零件是下班后才送到的。我还听说过，另一位CEO周六的时候恰好在公司，接听了客户的投诉电话，然后只用了20分钟就给出了解决方案，这是在周六啊！这两位CEO都非常有名而且十分成功，他们的公司也因员工的高水平服务而远近闻名。约翰·考夫和考夫公司能够如此成功地运作纽约三项全能赛是有原因的。他在乎客户的感受。考夫跟我说，如果有人在抽签环节没有中签，然后发邮件给他的话，他会给最先向他发邮件的100个人提供参赛名额。这倒不是什么大事，但是不论你本身就是这位幸运儿，还是只是听说了这样一个故事，都会让你建立起对企业的忠诚度和信任感。

TicketKick向客户提供一种处理交通罚单的服务，总裁格雷格·穆恩德（Greg Muender）跟他的团队一起探索良好的商业实践，提升诚信度，努力成长，积累积极能量，并将其向客户传递。当员工们出现问题时，穆恩德总是会试着以一种十分积极诚信的方式解决问题，而且亲自出面为他们解决问题。对于老板亲自出面解决问题这一点，我十分喜欢。虽然你不能总是这样做，但一旦你这么做了，就会产生很不一样的效果。说到因果关系，在穆恩德这个案例中，他的这种服务模式跟同类型的公司完全不同。其他公司总是在借助漏洞、术语以及条件等手段欺骗客户，出现问题的时候，把责任都推到客户身上，并且拒绝为其提供帮助。

TicketKick立志倾其所有来帮助客户，结果就是他们公司的增长率和收益都居于行业前列。“我们公司在网上真的没有一条差评，人们把我们当成处理交通罚单服务的首选。”穆恩德说，“人们总是会先来找我们，因为我们待人友好，我们帮他们很轻松地以一种文明的方式处理罚单。我们会用尽全力去帮助客户。有几次，我们甚至违反自己的规定和条件执行退款，就为了让我们的客户满意。”长期来看，这不是经济损失的问题，这事关客户满意度。穆恩德证实了一点，那就是顾客满意之后会变得更加满意。

“在遇到线上投诉时，”缤客意式比萨合伙创始人吉尔·劳左夫说，“每一封邮件我都会做分类处理，并且会在一两小时内回复，这往往可以平复客人的抱怨，尤其是私人回复。我会以一种能让他们感受到我在关心他们的方式去倾听并回复他们，向他们保证经理会关注他们的感受。我还会用这些信息作为案例来培训员工。”吉尔·劳左夫总是会问投诉的客户的地址，给他们寄去代金券，用来在店里购买食物。“这种邀请会给我们带来一次新的机会。”她说。公司会在每周召集的经理例会上分享最佳实践，以及将来可以用来避免服务出现问题的方法。

纳奇姆·艾哈迈德是互联网艺术公司Canvaspop网站的联合创始人。他十分关注客户服务问题，他允许自己的员工不论需要用到什么样的资源，或者耗费多少成本都要当场解决客户的问题。他说：“我们解决了这个问题，它就不会再出现了。我的员工能够直接满足我的顾客，而不需要将他们转给其他的任何人，不用向上级请示甚至无须事后报告。”这样一来，他们公司的回头客和推荐来的顾客就高于行业平均水平。你们可以尝试一下，这真的不难。

明白什么能让你的客户感到满意，什么是他们最在乎的事情，其实是你能做到的最轻松却最容易被你忘记的客户服务基本技能。想象一下，当客户走进你的商店，或者是下单前联系你，向你咨询的时候，你跟他们谈论直接相关的话题。艾哈迈德知道那些下单购买个性化艺术品的人往往对他们送来的制成油画的画作有一种强烈的情感关联。他保证自己在对待这些艺术品时，内心一直铭记这一点，这其实并不难。以我们每天分享信息的程度，一个简单的谷歌搜索，或者是浏览一下客户的推特信息，就可以让你清楚地知道你的顾客身边正在发生的事情。注意一下，我说的是快速浏览。“感兴趣”和“疯狂跟踪”之间，是有明确区别的。

人们会希望你能够快速兑现承诺，这是真的。相信我，大家都已经受够了那些保证自己会怎样怎样，却什么都不做的公司。当某件事按照你此前就听说过的方式发生的时候，这是一件很神奇的事情。但这其实是可以成为日常事实的。有一天早上，我预订了一辆上午8:00的出租车。上午7:26的时候，我收到一条信息告诉我，我从Groundlink预订的出租车已经在路上了。上午7:39的时候，我收到第二条信息告诉我，我预订的出租车已经在楼下等候了，整整提前了20分钟。

当我下楼的时候，出租车就在那儿。我很淡定，我悠闲地上车，而不是紧张兮兮地想“我的司机在哪里？我要错过我的航班了”，甚至耽误一整天的行程。当我们时间很紧张，而且预订的出租车又没有提前出现的时候，就会有这种感觉。你能做到Groundlink这样吗？你能每次都兑现自己的承诺，或者能做到比约定的时间更早吗？多考虑一下让事情变得更加快捷的方法。我的意思是，客户会分享自己的个人故事，这就产生了更多的客户。如果我有一次很棒的体验，我会乐意把它分享给大家。你知道吗？你的客户也是这样的。

记住，人们会感受

你知道当我坐进Groundlink的车里的时候，里边有什么呢？一瓶免费的水。世界上最简单的事情。出租车公司可能以每20瓶5美元的价格大批量采购了瓶装水。但这一小瓶水让我感到开心。我补充了水分，当我抵达机场的时候，我感觉更好了。在出租车里有一瓶水喝，这是一件多么幸运的事情啊！做些什么样的小事才会受到客户的重视呢？你要如何做才能告诉客户你知道他或她是一个个体，你的公司是由一群重视客户体验的人来经营的。

我给我的办公室置办了一台克里格咖啡机和一些不同口味的咖啡。大伙真的就会要求在我的办公室开会，因为他们从来都猜不出会喝到什么口味的咖啡。我知道有一位CEO每年会去一趟非洲，每次都会带回来十几千克特殊品种的咖啡豆，但他从不告诉别人他到底是从哪里弄到这些咖啡豆的。为什么？“也许这样他们就会记住，他们在这里喝过很棒的咖啡，然后就会再回来喝，我们就有可能做成一些生意。”他是对的，你还能做些什么让人意想不到的事情呢？

我还听说过，有这么一家金属管道公司，有一个企业客户来公司谈订单。客户到的时候提到，他要出国出一趟差，因为他的工厂出了一点问题。结果这家金属管道公司恰好也有一家海外公司，位置离这位客户的工厂不远。这家金属管道公司的老板派自己海外公司的技术员去客户的工厂帮忙解决了问题，帮这位客户省下了上万美元的差旅费和一周的时间。那你觉得这位客户的忠诚度会如何呢？

我敢打赌，他会把这件事告诉自己的同事，并且会给那家金属管道公司带来更多的生意。事实上，让你的客户有值得开心的事可以去说，是保证这份开心传递出去的一个很不错的渠道。当然，糟糕的体验也是一样的，但这种可能性的存在会让你持续保持高水准服务。在美国中西部有一家餐厅，餐厅在外卖窗口旁边摆了一台iPad。当有人排队等候食物的时候，他们可以免费玩iPad。餐厅还告诉消费者，如果他们登录脸书并给餐厅页面点赞的话，餐厅会立刻赠送一个开胃菜。之后，公司会在脸书上给每一位顾客道谢，并询问顾客喜不喜欢赠送的开胃菜。这简直不费脑力，做起来也很简单，通过平常看起来冷冰冰的信息化科技传播人性化关怀。也许最重要的是，随着脸书上开始出现越来越多的“位置”和“商品”，这个公司的做法事实上可以被当成一个标准的客户体验模板。当顾客就在你的店里站着，愿意跟你交谈的时候，你难道不想利用这个机会让顾客爱上你的公司吗？人是社交动物，世界上最简单的事情就是把问题简单化。

以客户服务为中心的领导者有以下七个特征：

（1）以身作则做好客户服务，从高层关注客户服务。

（2）允许自己的团队解决客户遇到的问题。

（3）使交易简单化。我再重申一次，不要让客户付你钱的时候还要劳心费力，能做到吗？

（4）倾听客户的诉求。重点不是去想你是干什么的，而是知道你的客户在想什么。

（5）要一直做到信守承诺，最好提前做到，如若不然，也请准时。

（6）要有出乎意料的惊喜，这样才能让快乐的记忆留得更长久。

（7）不要害怕去做一些让人惊艳、同时又非常有人情味的事情。

给客户表达的途径

让我先说一下，什么样的客户服务体验是最棒的体验。这是一件发生在我身上的一件事情，到现在依然让我感到震惊。我以我全部的职业声誉和我所珍视的一切的名义起誓，我要跟你说的这一切都没有经过事先排练、计划，也绝对不是假的。这是真实的，更重要的是这让人感到十分震惊。最后，你要知道你不需要对每一位客户都这样做。事实上，你也很难做到。但是，你可以偶尔这么做一下，而且回报十分可观。

闹钟在凌晨3:30准时响起，我知道这将会是一个冗长的工作日，因为这意味着我要在白天飞到某个地方，晚上再飞回家。对我来说，一天往返的航班是工作中最糟糕的部分。但这种旅行又是必需的，万幸的是，这种情况并不多。有一天早上，我要去赶上午7:00的航班，从新泽西州的纽瓦克飞到佛罗里达州的塔帕，去净水市参加一场午餐会，会后再乘下午5:00的飞机返回纽瓦克。航班时刻表显示，我会在晚上8:10落地，幸运的话，我能在9:00左右回家。

我坐上飞机，准时赶上了那场午餐会。由于我当时专注于完成我的训练和健身日程，会上吃的午餐是我那一天的第一顿饭。

还不错，我吃了点十分健康的石斑鱼，当天的午餐会开了大约三个小时，也十分成功。我回到机场的时候大约是下午4:00，4:30开始登机，所以我没有时间停下来吃晚饭，而且我也不想随随便便地吃一些机场快餐。登机之后，我空空如也的肚子就开始饿得咕咕叫，脑子里全是牛排的样子。

就像我之前一直在推特和博客上写到的那样，我算是一个牛排爱好者。如果可能的话，我会去世界各地的牛排餐厅品尝美味。毫无疑问，也是因为这个原因，我的私人教练要一直为我操心。过去几年里，我有点迷上了莫尔顿的牛排，如果我去工作的城市有一家莫尔顿的分店的话，我一定会把它安排进我的日程里。所以我就成了莫尔顿的常客，莫尔顿通过他们的客户关系管理系统，了解到了这一点。每当我打电话给餐厅，他们就知道是我，也知道我是一个常客，千万不要小瞧了一个优秀的客户关系管理系统。

再回到我的航班上。当我们差不多要起飞的时候，我开玩笑地发了一条推特：

> “嘿，@莫尔顿。我的飞机还有两个小时落地，到时候你能不能带上一份上等的腰肉牛排在纽瓦克机场见我啊？祝好，谢谢。”

我从没想过这条推特还会有什么后续。这就跟一条“亲爱的冬日，请离开吧。爱你的彼得”或者是“希望我现在立刻就到安圭拉岛上去”的推特一样。我关了机，然后飞机就起飞了。两个半小时后，我在纽瓦克落地。在经常有雷暴雨天气的夏季，飞机能准时降落在纽瓦克这件事本身就已经是一种奇迹了，很快有一个细节会变得十分重要。

我走下飞机，向出租车停车点走去。我的助理梅根帮我订好了一辆出租车接我回去。我看到司机举着一个手写“山克曼”的接机牌，然后我冲他挥了挥手，我以为他会按照惯常的方式跟着我，就像我曾经历过上百次这样的接机流程一样。

“嘿，山克曼先生。”他说。

我转过身。

“我们为您准备了一份惊喜。”

我才看到我的司机身边站了别人，我原以为他也是一位司机。然后注意到这个“别人”穿着燕尾服，他提着一个莫尔顿公司的袋子。

现在我明白了……我可是一个在纽约长大的人。想给我制造惊喜可是需要花大力气的，而且是很大的那种。我会在地铁上见到名人，见过有的电影在我的公寓外边取景，见过《犯罪现场调查》和《法律与秩序》的录制，每周五天都在见到这些东西。我已经对惊喜免疫了，但这次除外。

亚历克斯·塞里安（Alex Sariyan），来自莫尔顿哈肯萨克分店。他走向我，并介绍自己，然后对我说：“我们听说您饿了，先生。”他递给我一个购物袋，里边装着一块重达24盎司[1]的上等腰肉牛排，一份全虾，配菜是土

① 1盎司≈28.35克。

豆，一块非常有名的莫尔顿圆面包、两张餐巾纸还有一副银制餐具。

> 如果你要在自己的社交圈内说什么，那就跟你的客户交流吧，打造更多的品牌大使。
>
> ——罗杰·德拉克（Roger Drake）

我被震惊了！

我从来都没有想过,自己的推特除了换来读者的几声笑声或者是几个好友的“我也是”以外，还会有别的作用。不仅如此，谷歌地图显示，莫尔顿哈肯萨克分店离纽瓦克机场有23.5千米。这就意味着，在不到三个小时的时间里，莫尔顿办公室的一位员工看到了我的推特，并得到授权，协调这次惊喜派送，然后安排哈肯萨克分店下单。哈肯萨克分店接到订单后就开始制作、打包，安排服务员驱车到纽瓦克机场。不论是从哪儿过来，什么时间来，这都不是一件容易的事情。然后，才是最让我震惊的部分，在这一切进行的时候，还必须有人跟踪我的航班动态，知道我在哪里降落，并保证塞里安在我出安检口的时候正好站在那里。

想一下，如果有任何环节出了岔子。我的航班可能会延误，或者临时转向。我可能会从不同的地方出机场，我也可能坐机场快轨，这样就不会有司机等我，或者我走了一条完全不同的出机场的路线呢！当然，我可能就跟塞里安错过了。总之有太多的变量会让这次客户服务的惊喜之作落空。当一个十分有利的公关机会摆在面前的时候，有很多公司会有这样的想法“天哪，这需要协调的事情太多了，这不会成功的”。我一点都不怀疑这些公司会这么想，所以他们就听之任之了。但是万一成功了呢？万一这件事发生了，而且效果绝佳，还让顾客感到无比震惊，就像那一晚莫尔顿为我做的事情那样？

万一这个人首先想到的是像我一样，将这件事公之于众呢？你觉得我想分享自己的经历，写一条博客发出去，让整个脸书都知道这件事，需要花费多长时间呢？只需要一秒而已。我们生活在一个每个人都可以做传播者的世界里，你见过有哪个人的手机上不带相机吗？或者你见过有人没有脸书或者推特账户的吗？客户服务不再仅仅是告诉顾客你有多好，而是找准时机制造惊喜，并通过这种惊喜让你成为社交网络上的热门话题。不要自己去说，而让顾客去告诉别人，你有多么令人震惊。他们会告诉自己的朋友，对公司的信任值就会成千倍地递增。

思考一下：当一个广告，或者一个朋友告诉你有个东西超级棒，这个时候你最信任谁呢？当然，我迅速将这件事编辑成一条推特发了出去。

我的天哪，简直不敢相信。@莫尔顿真的送了一份腰肉牛排到纽瓦克国际机场！lockerz.com/s/130578715#OMFG！

果不其然，这条推特就像火箭一样引发了大量评论，大家的回复很值得读一下，我摘了几条：

Kirsten_g

转发@彼得·山克曼，没开玩笑吧！这也太优秀了！！让我也好想去@莫尔顿尝尝，真的！

Stephaniegmack：

噢！@彼得·山克曼转发@莫尔顿下单他们家的牛排了，他真

的送到机场了。lockerz.com/s/130578715

divahound

转发@彼得·山克曼@莫尔顿。无与伦比的客户服务体验，加油争取做得更好，莫尔顿！

rachellaber

我超爱莫尔顿！@彼得·山克曼：我的天哪，简直不敢相信。@莫尔顿真的送了一份腰肉牛排到纽瓦克国际机场！lockerz.com/s/130578715#OMFG！

rivkaht

令人震惊的客户关系@彼得·山克曼：可能是今日最佳#客户服务故事，我发誓这真的没有彩排。谢谢你@莫尔顿。印象深刻。

MsWz

好喜欢啊！谢谢分享@彼得·山克曼。为你鼓掌@莫尔顿。

我的这条推特和后来发的关于这件事博客，被很多别的餐厅、市场人员和公司博客转发。作为这件事的发起者，莫尔顿公司的推特账户，几乎是在一瞬间涨了800粉丝。

莫尔顿的市场和沟通高级副总裁罗杰·德拉克解释说，因为公司对我了解得比较多，所以当市场经理吉利安·彼尔德（Jillian Beard）看到我发的推特时，就迅速找到莫尔顿哈肯萨克分店的总经理麦克·克罗施（Mike Khorosh），问他们是否能做到包装完好地完成此次外送。克罗施认为在他的员工亚历克斯·塞里安的帮助下，他可以成功完成这次任务。

这只是莫尔顿的一个随机的友好举动，他们常常会这么做，因为他们想把自己的顾客打造成自己的品牌“形象大使”。“这显示出莫尔顿的企业文化，那就是要做到比全世界的其他餐厅都好。如果你想在你的社交圈里说点什么，那就是我们在跟顾客交流，我们在打造更多的品牌形象大使。我们在餐厅里这么做，最后我们的顾客也会以同样的热情将我们的热情在推特和脸书上传播。”罗杰·德拉克在接受SmartBlog“食物饮品”栏目的记者采访时这么说。

那么你可能觉得，莫尔顿这么做可能还不算经典的“客户服务”案例（迅速解决问题，保证餐厅优质服务和食物的持续性），这只是他们公司服务文化的一部分。这意味着莫尔顿的水平要超过客户的预期。他们每天都在践行这个最传统的服务指令——当出现问题的时候，员工可以迅速纠正错误，他们会保证无论在哪儿，顾客都能吃到一份一流的牛排晚餐。但是通过冒险尝试惊喜服务，让顾客感到惊艳并且注意到细节，他们所做的工作十分出色。

很多做市场营销的专家和学者都反对为了维持客户忠诚度和客流量去吸引客户的眼球。本章前半部分提到的，一项波及范围十分广泛的针对客服中心和半自助服务交互的研究“不要试图去取悦你的客户”有一个结论：客户想要的只是一个令人满意的服务方案而已，研究结论称，“研究显示，在服务交互过程中，比起简单地满足客户的需求，超预期的服务（比如提供退款、免费产品或者免费加快送货时效的服务），对客户忠诚度提升的影响十分微弱。”

但是问题在于，莫尔顿在送上这份惊喜的过程中，做得非常富有策略性，而且十分巧妙。他们知道我是谁，不仅仅是一个忠实的顾客，更是一个会不断地分享我每天在商业世界中所见所闻的人。明白了吗？常客是餐饮业的基础，新客户更有价值，餐厅需要这两种人来支撑。一场精心策划的快递送餐之后，他们引起了一场可以吸引新客户的热烈讨论。他们的确在打造客户品牌大使，也就是我。因为我不仅会把莫尔顿作为牛排餐厅的首选，还会吸引更多的人来尝试。

可以肯定的是，如果你的公司搞砸了客户服务的话，一次让人赞叹的绝佳体验，也许不能让那些对你心怀不满的客户重新喜欢上你，甚至可能会把他们气走（他们给山克曼送了一份牛排套餐去机场，给我上的牛排却是凉的），但客户服务无处不在这个理念，在莫尔顿的这个案例里得到了很好的体现。有一项全球通用的服务业指导原则，“多走一千米”，意思是我们要意识到，社交媒体已经将人们说的话，变成了另一种完全不同的事物。有的时候，一份小惊喜就是一种为数不多可以向客户展示你对客户服务重视程度的方式，比如为疲于奔波的旅客送上一份上等牛排。这对你的员工来说，也会是一个重要节点。这个情节会在很长一段时间内成为莫尔顿的一个主要话题，而且会对员工提供优质服务的热情产生积极影响。

全心全意的里昂·比恩

美国运通公司和美国国家零售业联盟会（NRF）将“客户选择奖”联合授予各领域内最具有客户服务精神的零售商。总部位于缅因州的户外用品和装备制造商里昂·比恩（L. L. Bean），从1912年起开始进入这个行业。该奖开始颁发后的五年里，这家公司有三年都榜上有名，自2006年起，每年都能排在前十名。从未有哪个零售商能够获此荣誉。除了这个奖项外，它也是其他服务业奖项获奖名单上的常客。这家公司的故事，每年都会被提起很多次。那些令人啼笑皆非的品牌，自有其值得学习的教训，但是里昂·比恩能够在维持品牌定位和使命的同时，将其服务模式运用到新时代、新科技中，始终把顾客放在第一位，为其售出的产品提供终身质保，这本身就是一个非常值得赞叹，且具有实用价值的故事。

当经济衰退开始时，这家百年品牌也曾出现经营困难，但到2010年以后就完全恢复了，甚至还成功经受住了2012年那次不寻常的暖冬现象的考验，实现增长。2012年的冬季异常高温，使得客户不再像往常一样购买羽绒外套和冬靴，但里昂·比恩的损失程度没有其他企业那么严重，部分原因是他们扩展了自己的产品线，更多地生产受天气和季节影响小的产品，并且保证在任何情况下都能维持较高的客户服务水平。

里昂·比恩总裁兼CEO克里斯·麦克科米克（Chris Mccormick），是零售行业的资深人士了。他负责保持里昂·比恩的服务文化。从开始卖出第一双猎鸭靴开始，里昂·比恩就以其标志性的服务水准而闻名。“高超的客户服务水平一直是，也将永远是我们品牌的根基，是将我们和其他同类公司区分开来的文化属性。从创始人比恩先生将人性化对待客户确立为我们的‘黄金准则’开始，我们的服务文化就一直在不断地进步。”麦克科米克对NRF的执行董事凯西·曼斯（Kathy Mance）说。

这条由公司创始人莱恩·莱恩伍德·比恩（Leon Leonwood Bean）制订的“黄金准则”是这样的：“以合理的利润率出售优质的产品，把每位客户都当成有感情的人来对待，他们就会回来买更多东西。”莱恩·莱恩伍德·比恩的外孙莱恩·葛曼（Leon Gorman），是里昂·比恩现任董事会主席，他曾有一句名言：“对于客户服务，很多人能说出很多漂亮话来，但是这其实就是一种日复一日、持续不懈、永无止境的富有同理心事业。”无论公司如何扩张，产品和地点发生什么样的变化，麦克科米克都将践行这一理念作为自己毕生的事业。

麦克科米克的观点中有一个是我十分欣赏的，那就是不要认为你只需要告诉客户你会满足他们的需求就能万事大吉。这个结论必须是由客户基于对你们公司的服务体验自己得出的。这是一个承诺不假，但这个承诺是在客户购买或者退换商品、咨询产品或者是就个人出现的问题寻求解决方案的过程中实现的。“我们百分之百的满意度保障，就是我们服务理念的一个最佳范例，因为客户的满意度完全是由他们自己去定义的。”麦克科米克说。如果某位顾客认为某件产品有瑕疵，或者是功能有所下降，如果情况属实，他们就绝不会质疑。你能提供这样的服务保障吗？

> 高超的客户服务水平一直是，也将会永远是我们品牌的根基，是将我们和其他同类公司区分开来的文化属性。
>
> ——克里斯·麦克科米克

为了收集大量的客户反馈数据用于持续改善服务，公司每周都会进行线上调研，每年进行两次客户邮件调研，询问他们对于服务的感受。

当然，线上评级评价还让零售商有机会监测客户的产品认知和消费体验，了解消费群体的动向。这为经营衣着装备类的传统类型零售商如何保持市场敏感度做出了良好示范。

2012年，猎鸭靴销量大增时，里昂·比恩很清楚地知道这其中的原因。公司发现从2008—2012年，猎人靴和渔夫短靴的销售量从15万双增加到50万。这个增长让公司开始变得忙碌起来，他们开始增加这种鞋的设计人员，鼓励用纤维织物做实验，并实验了浅蓝色和淡粉色等色彩的鞋面颜色。

尽管订单量增多了，新靴依然是在缅因工厂里由手工制作的，并且都会在水缸中浸泡，以保证每双鞋都具备不受外部条件影响的品质。而且公司可以确保自己能够为每双出厂的靴子提供可靠且持久的售后服务，因为麦克科密克知道他们本就十分有干劲的员工们希望得到什么样的鼓励。里昂·比恩每年都会雇用大量季节性工人，每到这时候，一般公司往往会显得措手不及，错漏百出。因为，你知道一到这个时候，奥普拉[①]（Oprah）可能打电话进来买她最喜欢的巧克力棒棒糖，但是你却没办法帮她填单子。

里昂·比恩有大量的电话销售经验——自公司成立之初，他们就开始建立客户名单，这个名单是他们每年15亿美元销售收入的重要基础，因此公司十分注重销售服务的个性化和及时性。大多数电话在20秒之内就会有真人员工接听，公司设置邮件和线上客服快速回复专员，他们可以轻松地获知客户对于公司网上商城产品的评价和建议。

为了保证公司全员对公司服务理念的认可度，麦克科密克不惜斥巨资进行员工培训。客服代表使用的策略之一就是从不吝啬在回答客户的问题、接单和审单方面花时间。当然，他们必须做到尽快满足客户，但是里昂·比恩的员工知道，怎样才能在不显得仓促的情况下提高效率。他们不像其他销售团队那样去催促客户。你自己是否有过打电话给销售，却听到

① 美国著名脱口秀节目《奥普拉·温弗瑞秀》的主持人。她经常会在圣诞购物季期间为听众推荐商品清单。

经理在旁边催促的经历？我有过，这很让人恼火。有的公司为了缩短通话时间，会精确规定员工跟客户的通话时长，这可能会给销售人员和顾客都带来不良影响。

除此之外，里昂·比恩还有一个“Visa”项目，用于支持免费快递和免费退换货服务。此外，公司还会为购物者提供折扣券，用于再次消费时抵扣价款。麦克科密克发现，现在的客户在多个平台购物的行为越来越普遍，因此他们的期待值也变得越来越高。“从线上订单的门店取货到个性化推荐商品目录，客户希望他们得到的服务是具有连续性的。”麦克科米克说。科技赋予了客户评估商品的新途径。因此，确保客户在他们需要的时间以想要的方式得到他们想要的东西，是公司面临的新挑战。“这其实也让我们有机会确立自己在市场中的个性化服务，我们的目标是确保我们在提供最优质的服务方面，永远做行业的领头羊。”麦克科密克说。他们的想法是，无论下单和购买以什么方式呈现，出现什么样的变化，他们都会把客户服务放在核心位置。

关键点总结

以客户服务为中心的领导者：

· 明白关注服务会提升利润率；

· 格外关注客户的观点和行为；

· 通过合理的组织架构迅速满足客户需求；

· 努力做到持续改进，以保证同样的服务问题不会出现第二次；

· 当一种策略失灵时会迅速改变，并且毫不迟疑；

· 用尽一切可能的办法，让客户很轻松地就选择自己作为服务供应商；

· 喜欢牛排（当然，这一点不是必需的）。

第十章
关键八：正视优秀的竞争对手

你需要重视的竞争对手，是那些从来不去考虑你做什么但一直在默默改进自己公司业务的人。

——亨利·福特

2012年4月24日，美国国际集团（AIG）控告其国际租赁金融分公司（ILFC）的前CEO史蒂芬·伍德-华兹（Steven Udvar-Hazy）窃取公司的商业机密。伍德-华兹意图全资收购AIG的飞机租赁部门。该部门主营业务是将波音等飞机制造商生产的飞机出租给航空公司。收购失败后，他就离开了ILFC，创办了自己的公司。你能看得懂吗？总之就是，在AIG向加利福尼亚州法庭提交的一份起诉书中AIG称，不仅是伍德-华兹，ILFC的几位前高管在离职后，都去了伍德-华兹的初创公司——航空租赁公司（ALC）。起诉书称伍德-华兹窃取了AIG上千份机密文件，帮助自己的新公司建立业务和参与市场竞争。

伍德-华兹在2012年的《福布斯》富豪榜上排名第330位。他是一位创新人士，看起来应该不需要窃取别人的创意。AIG认为伍德-华兹是航空租赁业务的创始人，而且事实上AIG的分公司ILFC是他在1973年时与其他人联合创办的。2010年他从公司辞职，创办了ALC。AIG的起诉书称，伍德-华兹伙同其他高管，下载了大量含有AIG机密信息的文件，并"上传到ALC的服务器上去"。ALC也表示他们会应诉。"AIG和ILFC无法有效地参与竞争，而把ALC视作对他们的一种威胁，如今他们只能诉诸毫无底线的商业机密案件上诉，ALC会做出有力的回应并将其彻底驳回。"ALC在公司声明中写道。

还有一起类似的诉讼。猎头行业巨头万宝盛华（Manpower）起诉公司多位前高管，称他们窃取公司文件、商业机密并且从公司挖走员工。在这起诉讼中，万宝盛华起诉公司的前高管詹尼斯·索纳曼（Janis Sonneman）和西里加·查特蒙（Thereza Chattmon）以及他们的新公司——弹弓连接有限责任公司（Slingsshot Connections LLC），称其违反公司的竞业禁止协议，并且在诸多事务中开展非公正的商业竞争。

我不是律师，也不是商业机密方面的专家，也不想成为这方面的专业人士。但是在我看来，这两个案件代表着资源错位或者是导向错误。我不知道AIG和万宝盛华最终是否胜诉，但我可以告诉你们的是，他们几乎没什么机会。许多知识产权方面的律师告诉我，证明商业机密的存在本身就是一件很困难的事情，证明有人窃取也是。即便这些都可以取证，但是整个过程也会非常昂贵且充满漏洞。因此，这类诉讼大多会败诉。

2012年6月，一位联邦法官拒绝了哥伦比亚广播公司（CBS）对美国广播公司（ABC）的起诉。CBS称ABC新推出的真人秀节目《玻璃房》（*Glass House*），抄袭了CBS的一档热门综艺《老大哥》（*Big Brother*）。CBS还表示，《玻璃房》这档节目的管理人员从《老大哥》节目组挖人，并窃取相关商业机密用于节目开发。但是联邦法官约翰·麦克德莫特（John McDermott）对CBS的起诉不予认可，他表示“CBS想要保护的是摄像机拍摄处于同一间房子中的竞争对手这样的节目创意，但是你无法对此申请版权”。

起诉不成，CBS很快又申请禁止竞争节目《玻璃房》首映的禁令，但法官盖里·菲斯（Gary Feess）没有同意他们的申请，拒绝签发任何禁令。

波托拉包装公司在起诉其竞争对手——包装材料制造商Logoplaste公

司的诉讼文件中称，Logoplaste在2007年时曾非法占有并使用波托拉包装公司的产品和客户数据等方面的机密信息。但是他们的上诉文件并没有说服伊利诺伊州法院的法官。法官判决波托拉包装公司无权对其声称的信息进行保护，且责令其支付Logoplaste在该案件三年诉讼时效内花费的所有律师费用。我敢向你保证，这种感觉糟透了。我不清楚这些诉讼案中每家公司都花了多少钱，但是我可以肯定的是，不管是实际花费还是时间投入都不会少。

我绝对支持公司保护自己的商业机密的完整性，如果他们保护的是真正的商业机密的话。同时，我也反对公司将他人的创意据为己有。所以，你应该对自己具备独占权的创意采取强有力的保护措施。这个我理解，我也曾这么做过。我一直坚信，应该创立一些更好、更快、能比现有的公司产生更多的市场价值的公司。我曾创办的“全民帮助记者”（HARO）就是出于上述想法。我创立HARO是因为我相信在为记者提供信息源这方面，我的公司能比其他同类公司做得更好。我的公司会与其他提供同类服务的公司进行竞争，同时市场上也不断出现其他一些其他类型的服务与HARO进行竞争。

其中有一家公司让我感觉它在以某种方式抄袭HARO的运作模式，这让我很生气，决定要好好教训他们一下（想做得比我好，可以，但请不要抄袭我的代码）。其他竞争对手资源匹配业务模式的定位不同于HARO，因此我对大多数公司都不会有敌意。

好好生活，好好玩乐，创造美好的事物。我相信在为记者们提供信息源这一业务上，HARO始终要比市场上其他同类业务公司做得要好，而且HARO还在不断开发新的功能、服务并不断提升价值，来保持竞争地位。你可以试一下，它是免费的。它的网址是http://helpareporter.com。

总结起来就是：比起去关注那些跟你竞争，不断开拓新市场，或是争夺既有市场的竞争对手，在自身处于强势的领域进行竞争会更有价值，回报率也更高。为什么呢？简言之，挑战者会一直存在。你难道真的想把所有时间都花在诉讼上，而不是开发新产品上？没有谁可以一直处于蓝海市场之中，总会有人不断地在涌入你的领地，跟你抢夺消费者。就像苹果公司先是遭遇微软，而后又自我革新一样。你要记住，创意的产生不是完全隔绝的，很多人会同时想到同一个创意，并且会就此采取行动。

有这样一件事，1998年，爱情灾难电影《泰坦尼克号》（*Titanic*）上映时，我买了500件T恤，并印上了“It Sank. Get Over It.”（它沉了，忘了它吧。）的字样。我把这些T恤拿到时代广场，一天之内就销售一空。然后我在《今日美国》（*USA Today*）上打广告，于是网上又卖出去上千件。听起来不错吧，但到最后，这也不过就是一件T恤而已。那是我的高光时刻。故事还没有结束，不到四个月的时间里，有30家不同的网站开始出售印有“It Sank”（它沉了）的T恤，当时还是在1998年。如果放在今天，有很多不同的网络零售渠道，这个数字会是多少呢？

如果你有一个十分成熟的商业计划，你就要大胆地去培育这个想法，在必要的时候做出改变，迎合不断变化的消费者群体。这样一来，如果有人试图抄袭你的创意，你依然可以在自己的优势领域获得竞争优势，从而立于不败之地。

我的建议是：增加研发团队投入，减少法律团队的资金预算。我并不是说不让你保留法律团队（我自己就有一个非常强势的律师，相信我，你不会想跟他打交道的），但是长期的成功源于不断改善的产品、服务和流程，并且要不断增加产品的附加值。诉诸法庭只能是你最后的报复性手段。这其实就是取胜方式，最好的防守是什么呢？有效的进攻。

有效竞争不只是去进行自我推销。最终结果是：如果总是靠你自己来夸耀自己有多好，没有人会相信你。所有企业都可以做广告，或者是搭建一个网站来做宣传，做广告除了告诉别人公司有可以展示给别人看的优异成绩以外，没有其他作用。省下做广告的预算，把它投入到客户服务上，让你的客户成为你的公关人员。近距离地观察你的客户，去看他们如何做你擅长的事情，然后为他们提供帮助。向他们展示你可以做些什么，如果他们恰好喜欢你做的事情，那么你们就已经建立起一种前景不错的商业关系了。单纯的自我推销与产品或者服务已经足够好到成为一个品牌之间，差距还是很大的。当你将自我推销视作一种方法时，它就不再是自我推销了。

“明显差距”的优势

最为积极、有效且产出率最高的竞争和价值交流方式是通过：①明确你最擅长什么，然后做真正擅长的事情，并保证让你的客户们都知道你擅长这一点；②用你所擅长的东西，去满足那些其他企业因为规模限制，而无法得到满足的需求。你做的哪些事情是别的企业做不到，或者是做得不如你的？这里我们可以讲图书和五金行业的例子。

图书销售是怎么样的呢？鲍客（Bowker）市场研究显示，2012年，亚马逊的图书销售额占据图书消费市场29%的份额，同期，巴恩斯与诺贝尔（Barnes&Noble）公司则占有市场20%的份额，独立书店的市场占有率则在6%～10%。根据不同的数据来源，得出的计算结果略有差异。

在大型连锁书店打折专柜以及亚马逊之类的线上书店的影响下，独立书店数量在最近十年的早期里减少了30%，之后才逐步稳定下来。电子阅读器对实体书店销量下降的影响则更甚。2008年金融危机之后也没有起色，当然面临这种环境的不仅仅是图书行业。数据显示，2000—2007年，有1 000家书店倒闭，如今下降趋势趋于“稳定”。

独立书店的老板将亚马逊视为竞争对手，认为其会给他们的生存带来实际威胁。他们错在关注点不对，他们首先关注价格，其次才是选择。尽管有些书店的价格跟亚马逊不相上下，它们不断地压缩自己的利润空间，但是很少有实体书店能在品种陈列、价格折扣上比得过亚马逊。实际上，对每个行业而言，单纯进行价格竞争都很难。总有人会以更低的价格销售，跟他们竞争十分不值得，最后你把自己的产品几乎都免费送人了，结果就是一无所有。实体书店应该将自己视作一个当地的零售商，与其他形式的文化娱乐实体竞争。图书销售应该是零售的一种，而不仅仅是一种古雅的文化欣赏行为。

这就意味着，书店要改变原来的商业模式（零售商店的图书出售方式有很多种），并且要发展自己的优势。这种优势是其他商店，或者是通过别的途径购买图书所不能提供的。比如，纽约莱茵贝克镇有一家叫“椭圆书店”的书店，书店的联合创始人苏珊娜·贺曼斯（Suzanna Hermans）告诉《今日美国》的记者，她会重点关注个性化服务和客户关系。她的书店有两个免费奖励项目、舒适的体验，并且是社区聚会地点，因而受到欢迎。此外，还有一个措施看起来比较常规，那就是书店为消费者进行电子书订购的系统。

书店每年还会举办很多场文化活动、文学讲座、艺术活动，甚至是音乐会，以此来吸引读者。看起来效果不错，2011年椭圆书店的经营面积由原来的242平方米扩展到335平方米。当然，这与巴恩斯与诺贝尔书店平均

2420平方米的经营面积相比依然相形见绌。椭圆书店懂得在自己的优势领域进行竞争，为消费者提供独特的体验。虽然这些顾客毫无疑问还是会从亚马逊，或者是通过其他途径购买图书，但椭圆书店依然可以十分受欢迎。椭圆书店不会是未来的亚马逊，它也不想成为亚马逊，这不是它关注的点。你明白了吗？竞争的实质在于通过提供独特的价值获取利润。

现在再来谈一下五金商店。很少有什么事情比走进一家大得像洞穴一样的灯光幽暗的日用品店里，去找一个螺丝或是门把手来得更让人气恼和沮丧的了。现场不会有人帮你，即便是你找来了售货员，他们通常也会拒绝给你找东西。或者，即使帮了，他们也可能找不到。为了表达不满，我的一个朋友进行了一场恶作剧，他问家得宝的店员装饰用的软管在哪里。尽管当时店员就站在软管正前方，但她竟然以一种非常严肃平淡的口吻回答道："不好意思，我们这里没有。"我朋友随即很开心地指着那些软管说："它们在这儿呢。"店员波澜不惊地看了我朋友一眼，走开了。所以，尽管家得宝是目前全美最大的家居用品中心，但其业绩增长和股价表现总是低于分析师的预测，这就一点儿也不奇怪了。2007—2008年，零售行业经营困难。当时，家得宝和劳氏（Lowe's）依然还是行业领军品牌。

那么一家小型五金店铺该如何与大型家居用品商场竞争呢？重视那些让大型商场变得不讨喜的特点。顾客在这里要花很长的时间才能找到想要的东西；店员服装不统一；大型商场的陈设非常差，不能让人产生在这里买胶泥给浴室重新铺一下地砖的欲望。走进这里，你想做的就只是快点买东西然后离开，实际上却做不到。但是一个小型五金店，却可以利用上述消费者的痛点开展经营。你可以关注一下Ace五金店，这家店跟你平时看到的当地的那些小型夫妻店不一样。这是最大的零售形式的五金设备合营店，这就意味着原来开夫妻店的小业主们可以加盟Ace。

2012年第一季度，Ace的销售数据特别漂亮，仅第一季度的营业收入就高达90 802万美元，比2011年同期增长6.3%。根据杰迪保尔商务咨询（J. D. Power and Associates）的调查显示，这家店“连续六年获得‘消费者最满意的家居装饰’称号”。企业调查国际（CRI）根据消费者实名投票的调查结果，曾连续13个季度将Ace评为家居装饰类别最佳店铺。在一定程度上，这些结果可以解释最近几年内这家连锁店不俗的业绩表现和增长势头。

Ace的成功很大程度上归功于他们会在店铺里配备专业的销售人员，提供可靠的建议；产品分类更加细化，也更容易找到；货品更专注于小规模的家居改造用品，而非大型翻修计划用的产品；产品陈列方式类似传统的五金设备店铺，但是能让你感受到家的气息，而且能让你预先勾勒出产品在家中的使用效果。当你看到一垛4.5米高的板材的时候，会感受到一种压力，让你想直接回家缩在床上。像我一样的普通人想给门换一块合页的时候，如果我走进Ace的店面，就不会有这样的压力感。我在纽约有一幢独立产权公寓，所以我经常会需要买木材上用的合页。

为了向消费者展示自己的优势，Ace发起了一个效果非常好而且非常有趣的广告活动，这个活动完全把握住了问题的根源。活动的标语，非常清晰地阐述了Ace与其他公司的“明显差距”：走进来，让我们帮你好好生活。“通过这个活动，我们想改变消费者的观念，那就是我们不只是一个家居改造商店。”Ace的销售副总裁约翰·苏拉恩（John Surane）告诉《品牌周刊》（*Brandweek*），“我们的核心理念是去为顾客提供帮助和便利。”Ace在自己的优势领域竞争，并持续投入维持自己设定的高标准，实现对消费者所做的承诺。

一家“独立的”五金设备商店，或者说是任何一家类似的零售商，都可以做到这一点。托尼五金是位于纽约布鲁克林区时尚街区波伦山片区史密斯大道上的一家小型商店，但在当地却非常出名。托尼五金对自己的定位是完全不同于家得宝的一种商业模式。老板托尼每天都会到店里，保证区内唯一一家“开箱零售”店的正常运营。如果你只需要一枚钉子，在这里你就可以从一箱钉子中取走一个，仅仅需要支付几美分。这家店里几乎有你可能需要的任何东西，如果店里没有，第二天他就会给你找来。价格上几乎跟大型商场没有差别，有时候甚至还要低。我说的是一枚钉子，是不是很方便呢？

当你遇到问题的时候，你可以用一种半描述半猜测的语言描述这个东西，托尼总能知道你想要的是什么，你想修的又是什么，你应该怎么去做这项工作。这间店在Yelp上得到了很多四星和五星的评价，这证明了它作为一家“身边的五金店”是非常成功的，而且这家店所赢得的社区忠诚度也可以证明这一点。事实上，那些大型商场在便利程度（你可以直接走着去，而不用像去家得宝那样开车过去）、服务、家居知识或者是氛围等方面，是没办法跟他竞争的。对，就是氛围，那种堆满了工具和小零件的狭窄的小过道，这不正是你想象中的在布鲁克林富人区想找一个套筒扳手时遇到的场景吗？托尼五金高度坚持了自己的特性，它的独特性正是它的竞争优势，专注于在你身边提供服务。

在错误的优势领域竞争有什么危险？

1983年，桂格麦片在并购Stokely-Van Camp的同时，还把佳得乐公司也一起买了下来。这次并购十分成功，加上对其他一些低成本食品行业公司的并购，桂格确实获得了新生。因为公司能够继续扩展佳得乐的市场范围，他们在1987年成功地将这种闪着荧光绿的液体打造成畅销产品，今天的佳得乐推出多种色彩迷幻的产品，也有液体和非液体产品的迭代升级。到2000年，佳得乐占据桂格销售总量和营业收入的39%。公司在传统的超市和便利店分销网络之外，继续小心翼翼地开发新的销售途径，并成功建设了大型商家（折扣店）和体育场馆（桂格将其称为“流汗的地方”）的销售渠道。其他运动饮料品牌，在这些地方的竞争力则没有那么强。

但是因为《宋飞正传》（*Seinfeld*）火起来的运动饮料品牌斯奈普的销售表现则没有复制佳得乐的成功。1994年，桂格花费17亿美元购入该运动饮料品牌。华尔街的分析师称，桂格的这笔交易实际上多花了10亿美元。收购价过高确实让桂格在非碳酸饮料领域的竞争中处于劣势地位。但是我举这个例子的目的在于，告诉大家在消费者看来这里真正的问题在于，桂格没有给斯奈普带来任何附加价值。事实上，他们销售策略的转变让消费者感到困惑——不再关注原来的单次单瓶购买的消费者，而是转向大型市场和超市销售。公司的这一战略向消费者传达了混乱的信息。

虽然桂格麦片自信能够通过平衡超级市场和大型零售商之间的关系来进行量贩装的销售，但是它忽视了一个关键，那就是斯奈普50%的销量来自单个消费者，销售场景主要是熟食店、便利店、加油站、报亭、小超市和比萨店，还有一些独立的分销商等。事实上，销售量贩装的渠道是桂格自己的优势领域竞争，而不是斯奈普的优势领域。不理解斯奈普饮料使用者和超级市场运动饮料消费者之间的深层次的文化差异，让斯奈普失去了竞争优势。27个月以后，桂格麦片以3亿美元的价格将这个收购来的运动饮料制造商转卖给了旗下一个控股公司，比买入价格低了14亿美元。当时，斯奈普的营业收入在5亿美元左右，比刚被桂格收购时下降2亿美元。

与此同时，佳得乐（桂格当时已经是百事公司的一个分公司）还在不断地自我更新，通过对最有价值的市场不断进行测评，并根据对运动饮料使用者特点的分析而不断创新，积极参与运动饮料市场的竞争。佳得乐前总裁萨拉·罗博·奥哈根（Sarah Robb O'Hagan）2008年时决定要深入研究饮料市场数据，但这个时候她因为怀孕休产假了。也正是这个原因，造成了2008年以后佳得乐的销售业绩开始有些滞后。数据可以为清晰的认知提供重要参考。她明白虽然当前佳得乐的销售目标群体主要是年龄处于18~49岁的普通男性，但是该品牌最具盈利能力和最忠实的客户群体要比这个更精确。佳得乐的消费者群体中有15%来自高中运动员和专业的马拉松运动员，7%来自周末锻炼的运动者。

2012年6月，奥哈根在接受《快公司》的采访时表示，这两种人群非常喜欢佳得乐，尽管他们只占消费者总量的22%，但他们却带来了46%的销量。因此，佳得乐要打造的形象是运动表现饮料品牌，而不是兄弟聚会的醒酒汤。佳得乐应努力为其最为忠实同时也是利润率最高的受众群服务。尽管百事公司的管理层和外部分析人员，都对此持怀疑态度，但事实证明，这是一个非常明智的决策。2011年，佳得乐和佳得乐Ⅱ的销售总量达到13亿美元，比上年增长4.1%，这在销售总量为18亿美元的运动饮料类别中，实实在在地占据了大半市场。

懂得在优势领域竞争和领先的领导者会：

（1）通过持续追踪消费者，监测数据和消费者行为表现，了解消费者对公司的哪些优势领域更感兴趣；

（2）通过开发相关资产、属性以及技能，不断提升优势领域；

（3）不是试图去摧毁竞争者，而是去找到他们错失的、忽视的，或者是不感兴趣的领域，然后在这方面提供服务：对别人无利可图的业务，对自己来说可能就有利可图的；

（4）关注行业动态和社会趋势，以此发现自己可以在哪些领域竞争，以及如何去竞争。

我会在市场竞争中选择凉拌卷心菜

全美快餐业巨头百胜的首席执行官大卫·诺瓦克（David Novak）运作着全世界120多个国家的36 000多家店铺，而且很多都是我们熟知的品牌，比如肯德基、必胜客还有塔可贝尔等。1997年百胜从百事公司独立出来，此后诺瓦克便成为公司掌门人，起先是做公司总裁，2000年起成为首席执行官，2001年他又担任起公司董事长一职。公司规模十分庞大，年营业收入高达129亿美元，诺瓦克本人就具备本书中所说的很多特点——他的领导作风，可以作为本书中多个章节的范例来讲。

比如，在他的管理下，百胜参与了世界饥荒救济计划，从而引起了广泛关注，吸引大批志愿活动，百胜还为联合国世界粮食计划署（WFP）以及其他的一些饥荒救济组织募集了大量资金。截至2013年，该倡议已经为WFP筹集了6 000万美元资金。诺瓦克还注重策略性倾听。他说："我们的使命就是听到消费者的声音，与他们产生联系，不断创新，争取把每一件事做到最好。"

不过，他的竞争策略也是十分值得借鉴的。尽管百胜体量非常庞大，但是任何公司，不论体量大小都可以将诺瓦克的竞争理念和技巧运用在自己的公司竞争中。诺瓦克在《带上所有人：做大事的唯一途径》（*Taking People with You: The Only Way to Make Big Things Happen*）中写道："当我还在肯得基（KFC）做总裁的时候，我们的客户再购周期平均是50天。我们没有急着向我们的竞争对手发难，而是对我们所面临的挑战重新进行定义，对50天的再购周期发起挑战，将我们改变的目标确定为：在一周内为美国人献上丰盛的一餐。"

经过这次重新定义后，美国快餐产品涌现出一大批流行新品，其中就有脆皮烤鸡、鸡肉条等外卖新品，还有酥皮鸡锅饼这种可以带回家加热即食的晚餐供应食品。他们面对双重竞争，KFC要跟自己竞争，增加客户访问量，还有跟市场上的其他快餐店和外卖店竞争，不断推出更加吸引人的新品。通过开发更多的可以从生产点带回家中的鸡肉食品，诺瓦克不断地提升优势领域，为人们更多地走进肯德基找到更多理由。该策略将客户再购周期减少了2天，诺瓦克称其为公司财务的巨大胜利。

> 我们的使命就是听到消费者的声音，与他们产生联系，不断创新，争取把每一件事做到最好。
>
> ——大卫·诺瓦克

百胜的发展的最大推动力，源于它的全球扩张。有意思的是，KFC在美国的市场占有率下降了，但其海外市场的份额却增加了。在这种情况下，将你的资产和技能运用在新市场、新受众上就十分有意义了，因为你的对手还没有开始开发这个市场。这就回到了之前说的"满足你的对手所不能理解，或者还没有看到的市场需求"。阿什里奇商学院针对高级管理人员做了一项研究，该研究结果被印在《培育未来的全球领导者》的报告中，于联合国第一届“全球责任管理教育论坛”上发布。研究表明，76%的管理人员认为他们所在的机构需要培养全球领导能力，但是只有7%的人认为他们目前正在积极有效地开展这项工作。

30%的美国企业表示，他们还没有对全球商业机遇进行有效开发，主要是因为他们的员工还不具备相应的能力。而百胜很明显已经具备了在全球开设大量新店所需的资源和员工培训经验，而且他们的经验可以复制。如果你的公司想寻求发展，去开发别人没有涉足的市场是非常明智的，尤其是当你看到目前的市场已经没有空间的时候。这就是KFC的案例教给我们的。

根据《彭博商业周刊》（*Bloomberg Businessweek*）发布的一份报告显示，投资者对于百胜在中国增加投入，却减少在美国的投资这一策略非常感兴趣。该杂志记者戴安娜·布拉迪（Diane Brady）报道称，该策略具有持久回报能力，让公司股票实现连续十年增长，每股增长率达13%，股价总体翻了四倍。分析师认为，百胜的增长势头会持续很久。百胜有意在非洲继续扩张，诺瓦克访问南非时看到人群在KFC连锁店前排起大长队，于是就有了这样一个想法。当人们都推断说，快餐炸鸡在非洲国家没有市场的时候，诺瓦克的实地观察告诉他，实情并非如此。他在这个市场几乎不会有任何竞争，截至我写这本书时，南非已经有660家百胜旗下品牌开设的店面了。尽管还有其他公司的同类店面，但百胜依旧可以很好地保持竞争优势。

2012年2月，诺瓦克告诉《今日美国》的记者凯西·朱（Kathy Chu），中国是百胜“21世纪最大的零售市场”。尽管目前全球遍布KFC的模仿者，但它们在KFC的优势领域还是无法与之竞争，那就是贯穿KFC运营全线的品质控制和统一性。当然了，还有桑德斯上校的秘密配方，据说这个配方被藏在位于肯塔基州路易斯维尔市的KFC总部，一个牢固的穹顶建筑中。这些都是使正版KFC保持“明显差距”的要素，并能保持对消费者的吸引力。据我个人研究，在写这本书的时候，我还没有发现KFC起诉过任何一家KFC的模仿者。他们需要关注公司业务等更重要的事情。

参与新市场竞争的关键是观察。因此，不是说在你们公司还没有开设分店的城市开一家分店就可以了。诺瓦克在南非看到KFC店前排起长队，然后就明白了这里的市场不是一家店铺就能满足的。我创办HARO，是因为作为一个公关人员，我看到了记者们因为截稿日期的缘故，迫切需要迅速锁定掌握关键信息的人群，也看到了小企业需要将自己的故事通过相应的记者群体分享出去的需求。虽然已经有一个类似的平台在做这样的事情，但它更偏向于学术性质。当我开始用脸书将记者和各种信息源联系在一起以后，我就觉得这可以发展成为一项业务。事实上，我写的这些关于创业者的故事，有很大一部分是从HARO的访谈中挖掘出来的。你可以联系一些什么呢？还有什么需要去提升、去挖掘、去填补、去改善的呢？

在盒子里竞争

总部位于伊利诺伊州的MBX系统公司的创始人兼CEO汤姆·克罗利（Tom Crowley）于1995年创办了一家小公司，通过在计算机爱好者杂志上做邮购广告出售硬盘。就是这样一个小本生意后来迅速扩张，业务范围拓展到所有电脑零件。随着互联网的普及，这家当时还叫主板速递

（Motherborad Express）的公司抓住了机会开始做网上销售。

事实证明，主板速递非常善于创造适用于个人计算机的组件，所以他们迅速拓展了帮助客户定制“白盒”电脑硬件的业务，满足他们对电脑公私两用的需求。很多专业人员都喜欢用白盒硬件，因为这种硬件往往是根据具体的需求，使用高质量组件组装起来的，而不是像那些大批量销售的个人计算机，往往使用的是一些低成本的、质量一般的组件。

克罗利之所以能够在这个蓬勃发展的产业里取得成功，得益于他对于优质产品的标准控制、满足客户需求的敏锐度以及迅速转变思维灵活度。后来，主板速递更名为MBX，并组建了第一个服务器。克罗利当时非常热衷于帮独立的软件开发商搭建用于新服务器的白盒硬件系统。如今，MBX则更专注于设计、组建和制造服务器，以及搭载系统的硬件平台。独立软件开发商可以通过这样的平台出售自己的产品。他们可以提供新产品开发、品牌打造和产品营销等服务；为客户提供产品仓储服务；对售出的软硬件产品提供持续的技术支持。如今，MBX已为超过40个软件的垂直市场做过系统。

做服务器的同类竞争者太多了，比如戴尔就有一个协议制造分公司，可以根据预先设计的硬件配置生产不同的服务器，但这不是戴尔的核心业务。再比如Avet&Arrow电子也拥有初始设备制造分公司，但是他们的主营业务是出售组件。MBX直接的竞争对手包括网络引擎（NEI）、安迈信（AMAX）、NCS科技公司以及Iron Systems等。

对于一家公司而言，更换合约制造商是一个重大决定，因为他们往往是长期的合作伙伴，而且交集较多，其中涉及品牌、组件、全球分销中心的仓储，以及对全球硬件终端使用者的技术支持等。MBX之所以能远远地甩开其他竞争对手，是因为以下几个因素：MBX设计的系统质量更优，使用寿命更长（英特尔以前的处理器经常更新，MBX会主动为客户提供硬件升级服务）；他们开发出富有创新性的自主知识产权的制造软件，用来处理各种复杂的用户配置和不同需求的订单（不同的订单会需要不同的组件个数，从6个到600多个不等）；他们的质量被证实是业内最可靠的；当出现组件错误需要更换的时候，他们的现场支持团队是反应最快的；他们连续多年赢得了多个业内奖项，均可成为他们这些成绩的佐证。

“我们尊重竞争对手，”克罗利说，“他们也有自己的市场，我们会互相学习。MBX的竞争优势在于更关注支持软件公司，让他们可以腾出手来，集中精力开发出最好的软件，而不需要担心服务器。这就要靠我们了，这也是为什么我们将自己视为从事硬件制造的技术服务提供商。”

MBX的首席运营官吉尔·贝拉克（Jill Bellak）说：“我们公司将市场看作一个整体，如果我们的竞争对手做得好，这就意味着整个市场是健康的，这对我们也有好处。如果我们的竞争对手状况不佳，这很有可能在某些时候也会影响我们。”贝拉克和克罗利认为，竞争对手的变化可以让他们有机会更近距离地观察行业的前景，并且确定他们的供应商是否能够满足他们的需求，以及MBX是否是别人的更优选项。如果他们认为，某个场景由MBX来完成效果会更佳的话，管理者们在公布公司业务规划调整的时候，就更站得住脚。“我们发现，对自己的长处和竞争优势有一个清醒的认知，是有底线优势的。此外还要看清楚，我们是否能够满足潜在客户。”贝拉克说。

“我们最大的竞争对手擅长规模销售，他们吸引的客户是没有特定需求但善于规模化大量生产的制造商。我们的一些小型竞争对手，可以为各种各样的客户和需求定制各种白盒，却无法提供统一性和质量保证。”贝拉克说。这样一番分析的结果就是，MBX瞄准“中间市场”，满足相对较大的和中等规模的客户需求，这些客户有一定的体量，但仍然有一些特定的需求。

> 我们这一行的行规就是：只要我们做的某一件事能让客户更轻松地完成工作，那么这件事就是极其重要的。
>
> ——吉尔·贝拉克

"我们的秘密武器就是，我们在内部软件开发上投入很大，"贝拉克说，"我们有自己的软件开发人员，他们编写客户定制程序，从而做到内部生产控制，这是一个十分有效的竞争策略，因为我们的软件有效提高了效率，这一点是我们的竞争对手所无法企及的。"

尽管国际标准组织（ISO，为质量监管体系设定标准的国际组织）的巡视员来到MBX的时候，曾对公司的制造软件赞不绝口，并建议克罗利将这个系统应用到其他类似的业务中去，但是克罗利始终坚持做MBX最擅长的事情。

"像这样的建议听起来十分诱人，但是这其实是使我们偏离核心业务的一种诱惑。"克罗利说。MBX内部研发的软件，使公司的工艺瑕疵率降到了0.5%，这个纪录非常了不起。

"一件产品会在生产线上缓慢移动，进入加工中心，这里会针对这件产品进行多项操作，我们的软件在确保系统检测到所有细节都完成之后，才允许建模人将这项任务打钩。"贝拉克说。"我们的质量控制第二项屏障是文化，"克罗利说，"所有人都明白，我们必须保证每件产品都达到我们想要的效果，我们才会成功。这是最重要的，一件产品从开始到结束，有上百种会出问题的可能，所以我们必须在不同的平台上进行质量控制，工作人员必须十分专注，他们必须关心这些事情。这也在定义我们员工的品质。”这么做是有必要的，MBX不像其他制造商一样进行抽检。每一件产品都会经过多次检查。他们的这项投入得到了回报，MBX的客户保留率高达98%。

克罗利还投资搭建了一个十分活跃的消费者门户网站，在这里他的顾客们可以分享产品反馈，会有客服代表回复他们，他们还可以查询订单的详细信息，提出疑问或者建议等。“当我们告诉客户，我们会搭建这样一个系统的时候，大家都回复说感到非常震惊，他们告诉我们，以前从没有哪个客服系统会提供如此详细的信息和如此便捷的使用体验。”克罗利说，“内部软件开发，对我们达成和维持业务提供了很大的便利，这是我们为什么会继续关注，并且增加对我们的内部软件开发团队的投资的原因。这是属于我们的新业务，也是客户技术支持的一部分。”

大家会以一种“颠倒”的视角去看待管理人员和领导者们，他们的角色就是服务所有人，保证每个人都享有充分的资源来完成他们应该完成的工作。MBX内部的工程师、产品开发人员、客户代表、生产线工人和管理层会互相传授经验。比如说，进行公司内部系统开发的团队会全方位地融入公司的每一个团队中去，而不是藏在某个角落里，只等节日聚会的时候突然拿出一个点子来。如果他们需要开发一个新的储库系统，工程师会在仓库里工作一段时间，所以他就能很好地理解仓库的员工们是如何改进每一项工作的。“然后工程师就会回到办公室，编写出一个非常成功的系统。”克罗利说。

最后，MBX会在每个季度做一次消费者调查。“我们这一行的行规就是：只要我们做的某一件事能让客户更轻松地完成工作，那么这件事就是极其重要的。这就是我们始终高度重视产品质量的原因。毕竟客户要把他们的品牌印在我们生产的盒子上，而不是我们把名字印上去。”贝拉克说，“有一位客户跟我说：‘说实话，我最重视的，还是我跟我的客户经理克里斯汀之间的关系，她让我感到她为我工作似乎不是为了钱；我像给其他人分配任务一样给她分派任务，却知道她总会给我和公司一个最满意的结果。’”如果能让客户感受到如此强烈的满足感，客户又怎么会离开他们呢？

用一分钟思考一下，你是如何通过提高灵活性、反应能力、客户中心意识以及关注质量来跟你的同行竞争的，你是如何让自己的公司更高效地运作，从而满足客户定制需求，提升便利化程度的呢？

勇敢地去竞争

企业租车公司的CEO安德鲁·泰勒（Andrew Taylor）说，他的公司能够成功成为品牌引领者，主要是因为他们更关注消费者服务，公司也因此而广受赞誉。在杰迪保尔商务咨询的北美租车公司满意度调查中，企业租车公司连续七年位列榜首。

企业租车公司的指导原则是安德鲁·泰勒的父亲杰克·泰勒（Jack Taylor）50多年前就定下的，“从车辆预订到还车，与汽车租赁者的每一次交流，都是赢得一个终身客户的机会”。

这是为什么在消费者心目中，企业租车公司总是以优质的服务著称。我可以不假思索地将这家公司纳入优质服务公司的行列，同时该公司在优势领域的竞争力也很强，这也是公司的现任CEO及其父亲作为领导者的一个承诺。安德鲁·泰勒称，他在竞争方面具有一种“积极的狂妄”，所以对他而言，每年飞上百个小时去分公司了解情况也是很稀松平常的事情。他通过这样一种方式对业务进行管理，同时也寻求吸引消费者的途径。在他们这一行，消费者的选择的确不少。

比如，刚开始的时候，公司通过调高租赁费用减少去机场的订单，从而降低成本保证车辆可用率，这种方法导致顾客需要支付更高的租车费用。于是公司决定将店面地址优先选在临近社区的地方，这样就能离需要用车的顾客更近。有的顾客自己有车，但是车辆送去维修了，有的顾客想租车用于公务或者休闲旅行。这么做十分明智，因为从竞争的角度讲，这样做不仅让自己渗透到都市社区，或者离居民区更近的地方，提升了自身的竞争力，而且从经济角度而言，这也意味着公司更具价格竞争力。当然，因为如今的企业租车公司，已经今非昔比，你可以在离机场最近的社区找到他们的车辆，往往只需要你搭车走一小段距离就能达到租车点。

安德鲁·泰勒告诉《投资者商业日报》（*Investor's Business Daily*）的记者，他们自主研发的专利科技可以为保险公司减少事故车辆的停止服务时长。你可能会觉得，这样做对公司不利，因为这会导致租赁费降低。车辆租赁人使用车辆的时间越久，租车公司赚得才越多，不是吗？

“事实上，当我们为合作伙伴省钱的时候，他们也会给我们带来更多的合作机会。”安德鲁·泰勒说。他的策略是有据可证的。很多保险公司都喜欢和他们合作，这也占公司业务量的很大一部分。

因为服务是该公司“明显差距”的核心组成部分，也是他们吸引客户的主要因素，企业租车公司必须时刻保证自己卓越的服务水准。企业租车公司在北美州和欧洲设有7 600个租车网点，雇员达到68 000人，这对公司来说不失为一个挑战。公司的运营十分分散，各个分公司的管理人员都得到公司的高度信任，并且在管理上有极大的自主权，仿佛他们是在管理自己的公司。1989年，企业租车公司的客户满意度为66%，也就是说有66%的人说他们喜欢在这家公司租车。

我敢说会有很多公司领导对66%这个数字表示十分满意，而且会选择继续维持，但是安德鲁·泰勒却觉得还不够好。他当时是公司的首席运营官，当时的他认为66%这个数字太差了。他想大幅提升满意度水平。起初，事情进展得并不顺利。1994年，也就是他成为CEO三年后，客户满意度水平反而越来越低，降到了60%，竞争对手开始挤占他们的市场。安德鲁·泰勒十分不喜欢公司把重点放在发展新客户而不是维持老客户上。"找到一个新客户和维护一个老客户相比，成本要高4～5倍，所以维持原有业务非常关键。"《超越客户预期：全美第一的租车公司——企业租车公司教你如何维护终身客户》（*Exceeding Customer Expectations: What Enterprise, America's #1 Car Rental Company, Can Teach You about Creating Lifetime Customers*）的作者科克·卡赞吉（Kirk Kazanjian）说。

后来，泰勒想到一个办法，不仅可以更好地评估，同时还可以提升消费者满意度，将提供卓越客户服务的意识根植到每一个租车点。在进行促销之前，当地店面和区域店面的经理，必须先做到可以提供极为卓越的客户服务。为了保证这个奖励系统的正常运转，就需要有一个监测和定义消费者服务水平的评级体系，供管理者们参考。

> 事实上，当我们为合作伙伴省钱的时候，他们也会给我们带来更多的合作机会。
>
> ——安德鲁·泰勒

公司开发了一套服务质量制度系统（ESQi）。他们每个月都会就两个问题展开客户调研：①您的租车体验满意度如何？②您还会再次选择我们的租车服务吗？根据客户对上一次在该租车机构租车体验完全满意的百分比，公司会将每一个租车点进行排名。最后会将每个当地租车点的得分，与公司整体水平进行对比，作为员工奖励和晋升的依据。“所以，假如有一个租车点是处于盈利状态的，但是他们的ESQi评分没有达到或者是高于公司平均水平，这个门店的经理就很难得到提拔。”安德鲁·泰勒在接受杰迪保尔商务咨询的采访时说。

安德鲁·泰勒的竞争策略还包括给客户一种别的竞争者都给不了的服务体验。他会通过数据分析经理和客户反馈来锁定这些服务类别，而且会十分认真地考虑上述两者提出的意见。“事实上，为租车客户提供接送服务是我们的一个员工提出来的。现在业内都知道，我们会为客户提供这项赠送服务。”安德鲁·泰勒说。在租车市场里，除了他们，还没有人会这么做。企业租车公司会通过他们这句著名的广告词，让消费者记住自己的创意，从而招徕客户——“我们会去接你”。公司还创新性地推出各种服务便利，比如在出租车辆中增加节能型车辆和新能源车辆的选项，开展WeCar车辆共享项目、拼车以及时租车等。

近期，他们开始开展品牌诚信度审计。公司雇用评估员调查他们设置在机场附近的租车点，并对其包括客户服务、公交服务和车辆状况、柜台服务、还车流程以及退出窗口等服务，品牌形象、设备和等候时间，以及最重要的车辆清洁度和车况等服务水平做出评估。如果你从没租过车，从没在你的后车座发现或者闻到吃了一半的芝士汉堡和炸薯条的话，你就不会明白为什么我说最后一点这么重要。在企业租车公司进行审计之后，爱路美（Alamo）租车公司和美国车辆租赁公司，都对自己公司的服务进行了相关审计。

企业租车公司在配备车辆时会保证7%的车是美国产的车，这就让该公司成为全美最大的汽车购买者。有的租车公司会在使用一到两年后，将他们购入的小汽车和卡车再卖给制造商，这样一来，制造商往往需要面对再次出售的难题。而安德鲁·泰勒认为，把车直接卖给消费者是更有竞争力的。虽然风险会大一些，但是有可能会提升公司的销售利润，并且有助于吸引不同的消费者群体。把大批的二手福特汽车卖给个人，比直接退回给福特公司价格要更高。这个决策非常明智。消费者可以以非常划算的价格买到几乎全新的车辆，企业租车公司则可以从账面上更好地控制公司的资产。在2011财年，企业租车公司向个体消费者售出二手车65 000辆，其余的则全部批发给了汽车经销商。

我十分欣赏企业租车公司把服务打造成为他们的“明显差距”的方式，最终他们也拓宽了“服务”一词的内涵——只要是让客户体验变得更轻松、更便捷、更有附加值的服务，都会成为你的竞争优势。以上三点保证了企业租车竞争策略的成功。

关键点总结

懂得利用竞争优势的领导者：

· 观察市场，并且进行数据评估，以期获得有竞争力的见解；

· 总会有新的方法吸引顾客，让顾客回到自己身边；

· 定制消费者服务，让他们的服务内容和服务方式变得非常难忘且个性化；

· 在需要变化的时候，以新鲜且有趣的方式去改变；

· 通过服务未开发市场寻求增长空间；

· 通过塑造可以创造价值的独特特点，来建立客户忠诚度，品牌本身就是企业的竞争力。

第十一章

关键九：多一点在乎

领导者要做对的事情，管理者则要把事情做对。

——沃伦·本尼斯

本书所讲的所有优秀领导者应该具备的特征里，“多一点在乎”是最重要的一项。因为这在很大程度上是人的一种本能，随着领导者的责任变得日益复杂多样，这也是你最容易失去的一种能力。当内部外部环境发生重大变故时，你该如何应对？你应对的方式又是如何影响到你的员工和同事的？这些都为你如何看待正直、道德、诚实等品格提供重要参考。拿我之前投资公司的例子来讲，我会关注很多“底线”问题，比如，管理、流程和长期发展潜力（投资公司的目标是赚钱，向慈善团体捐钱是为了帮他们完成自身使命）。同时，我也会关注公司的领导者们是否重视道德和人文关怀。因为，就我个人经验而言，这样的公司会时刻准备为公司的股东们贡献最大的价值。“多一点在乎”是比管理能力更重要的一项能力，可以把你的个人诚信和职业操守统一起来。

很明显，伯尼恩·麦道夫（Bernie Madoff）就是一个不在乎这些的人，看看他栽在什么上就知道了。但要做到这一点其实也不容易，有时候你知道你在做的事情是正确的，但是这件事有可能对你的事业造成毁灭性的打击。当你遇到某个难题的时候，要能克服诱惑，对自己说：“算了吧，为此产生争执根本不值得”，或是“这么做绝对无利可图”。这就需要你有极为坚定的立场和鲜明的个性。这些时刻往往会成为决定成败的瞬间。拒绝“短平快”，做正确的事情，是我们需要面临的最难做的决策之一。

休斯敦，我们遇上麻烦了

20世纪80年代，罗杰·博伊斯乔（Roger Boisjoly）在美国国家航空航天局（NASA）的供应商莫顿聚硫橡胶公司担任工程师，同时他也是挑战者号空难事故中的关键人物。2012年1月6日，他在犹他州普洛佛市附近的尼法市去世。直到他死后一个月，美国才为他发布了全美国范围内的讣告。你可能不记得挑战者号故事里的细节了，但这是一件值得我们再来好好回味的事情。

1986年1月27日，挑战者号将于第二天在肯尼迪航空中心发射，搭载六名宇航员进入太空，其中就有“第一位进入太空的老师”——克里斯塔·麦考利夫（Christa Mcauliffe）。博伊斯乔最后一次向他的上级发出警告，飞船推进器上的O形环存在严重故障，可能会因反常的寒冷天气而影响性能。发射前夕，温度计显示气温在一夜之间跌破冰点，而且气象预测显示，寒潮天气会一直持续到发射之后。事实上，发射当天早上的气温的确寒冷刺骨。

六个月以前，博伊斯乔就已经在他提交给这几位上级的备忘录中，详述了气温对于O形环的影响。他在备忘录中指出，寒冷天气会导致火箭推进器的密封件连接部分失灵。“一旦出现事故，将是最高等级的灾难，也是事关人命。”他写道。这也是为什么他和他的14位同事一起要在1986年1月份佛罗里达那个寒冷的清晨恳请他们的上级批准延迟发射日期。但是NASA在发射日期上一直对公司施压，此次发射是一笔重要的公共关系财富，大家对此期待已有数月之久了，加之莫顿聚硫橡胶公司财务出现困难，迫切需要

NASA尽快支付价值四亿美元的年度合同金额，最终导致管理人员们没有听取博伊斯乔的建议。他自己没有去现场观看发射，因为他知道这肯定会是一场灾难。1月28日，挑战者号升空73秒之后解体坠落。在众人惊恐的眼神中，机上七名航天员全部遇难。

灾难发生后不久，博伊斯乔撰写的备忘录一经公开，立即就成为爆炸性事件。他本人也在联邦调查挑战者号爆炸期间因揭发事件内幕而为人熟知。许多人对他曾尽最大努力阻止航天飞机升空的行为表示赞赏。美国科学促进协会授予博伊斯乔科学自由与责任奖，后来他成为在大学里、民间团体前积极宣扬企业道德的讲师，还是一位十分受欢迎的司法鉴定工程专家。

然而，他为此付出了高昂的代价，这种事情在发生内部举报时经常发生。莫顿聚硫橡胶公司给他和另一位也曾积极报告此次风险的工程师降职处理，安排他们去公司里与航天工作无关的非核心部门工作。灾难调查的总统委员会主席威廉・罗杰斯指出，“在我看来……应该给他们升职，而不是降职或把他们推到一边”。

同事和管理人员也都对他们敬而远之。在1987年《洛杉矶时报》（*Los Angeles Times*）的采访中，博伊斯乔说，一位曾经的朋友告诉他，“如果你毁了这家公司，那我就得把我的孩子放到你家门口，让你帮我养孩子了”。据报道，这位科学家还患有创伤后压力综合征，伴有抑郁、复视、头痛等症状，偶尔会暴怒。

尽管总统委员会的调查将O形环出现的故障归咎于莫顿聚硫橡胶公司，但该公司当时的CEO查尔斯・S. 洛克（Charles S. Locke）反驳道：“我们从未同意过在当时的温度条件下发射。挑战者事故的原因更多的是人为失误，而非机械故障。发射指令应该提交到总部。如果在这里征求过我们的意见，我们永远不会给予许可，因为发射时的温度不在合同规定范围内。”

但如果这是真的，那么为什么管理人员不愿意向洛克报告博伊斯乔指出的关键信息呢？为什么对博伊斯乔的警告置若罔闻的管理人员能保住他们的工作而没有被解雇呢？为什么在听到博伊斯乔在国会山的证词后，洛克说“公司支付员工报酬是为了让他们高效地工作，而不是在全国各地闲扯”这样的话呢？1986年5月，洛克告诉《华尔街日报》记者，“公司相当于花费了每股10美分来为这次发射失败买单”。后来他抱怨说，记者们把他的话断章取义了，其原有的意思极有可能已经被篡改了，这在新闻工作中经常发生。然而，1986年10月，在《芝加哥论坛报》（*Chicago Tribune*）报道航天飞机爆炸后，洛克没有打算解决公司内发生的工程师和经理之间可能存在的摩擦。当一名记者问洛克，爆炸发生后他是否应该辞职，他回答说：“你来解释一下我为什么要这样做。”洛克搞砸了这些事情，不是吗？

挑战者号的爆炸不仅仅是因为O形环设计不佳，而且是因为决策系统，该决策系统反映的是洛克和他所在的企业道德缺失。该事件的直接原因可能是美国宇航局马歇尔太空飞行中心（Marshall Space Flight Center）有阻止坏消息传播的传统。阿肯色大学小石城校区的英语教授帕特里克·摩尔（Patrick Moore）博士撰写了大量有关挑战者事故中相关机构沟通问题的文章。其中包括他1992年在《商务和技术交流》（*Journal of Business and Technical Communication*）杂志发表的论文《恐吓与交流：挑战者号事故案例研究》（*Intimidation and Communication: A Case Study of the Challenger Accident*）。摩尔写道：“挑战者事故发生几年后，我在阿拉巴马大学亨茨维尔分校（亨茨维尔即美国宇航局马歇尔太空飞行中心所在地）任教了两年。当时，我不时在技术交流课上提到挑战者号。有一天，一名学生说她曾是马歇尔中心的实习生，她曾在工程师的公告板上看到了一首有趣的诗。

你可以从中看到，美国宇航局马歇尔中心是如何不喜欢坏消息，以及如何阻止坏消息传播的。”美国宇航局当时的文化是恐吓，混乱的沟通和“致命的礼貌”，摩尔说道。

这种风气影响了美国宇航局的管理者，这也是他们对导致挑战者号发生空难的严重问题视而不见的关键原因。在莫顿聚硫橡胶公司的案例中，公司的财务状况和客户的利益（和压力），似乎优先于公众安全和项目安全。利润第一，七位宇航员的生命排在第二。航天飞机冒着烟盘旋下落的画面，一直在我脑海中徘徊，而且有成千上万名学生观看了这次致命的发射。

洛克在H-Thiokol莫顿国际剥离出来之后，为他的股东赚钱，并且于1994年从董事会主席职位上退休。在那之后，他似乎一直生活得很幸福。我不认识洛克，我也明白在他的成长环境中，那时的世界和现在的CEO们面临的世界截然不同。然而，我确实认为，如果事故发生在现在，再加上其对此事件的回应，作为这样一次事故公司的CEO，他会过得惨很多。

当然，有很多报纸报道了挑战者号事故，其中也有对洛克的批评。但以下两件事当时并不存在：现今社会对企业CEO们所持有的怀疑态度，以及在如今万物互联的世界中问题发生后立即会引发的辩论。

这恰好符合我刚开始提出的论点——如今世界越发透明，若博伊斯乔的上级无视他的建议，那他可能会在推特上向关注他的人发布他关于O形环的担忧。然后不可避免地会有人转发，随后记者会进行调查。如今的记者对洛克和美国宇航局的管理人员会更加强硬——怀疑主义盛行，因此他们将会面临更多质疑。在洛克的案例中，则是因为20世纪80年代的股东不如今天的股东活跃。企业图书馆公司（Corporate Library）的编辑内尔·米诺（Nell Minow）表示，“20世纪80年代，企业掠夺者大行其道，股东们会迅速抓住几乎是任何高于当天股价的报价。但是今天的股东们更加悲观，也更加明智”。企业图书馆公司是一家专门从事公司治理的研究服务公司。“股东想要的不仅仅是一只股票的股价，他们想要的是一个可以信赖的领导者”，米诺在《芝加哥论坛报》的一篇专栏文章中写道。

博伊斯乔是莫顿聚硫橡胶公司的真正领袖。我突发奇想，如果航空航天公司的管理人员注意到公司最好的故障排除者之一所发出的警告的话，结果将会有多么不同。你觉得在同样的情况下你会怎么做?

你是否创造了一种人性文化——既说出真相，同样地也想知道真相?你的企业是否认真对待品格和诚信问题，是否有一个系统能够认真对待来自不同信息源的重要信息？据我所知，最有效率的领导者不仅关心商业，也关心那些参与其中并受其影响的人。

他们知道工作是更大图景的一部分，他们能够意识到自己所做的决定就像他们每天往池塘里投掷的石头一样，会在视线外产生涟漪。

是我身体不好还是这里太热?

2011年9月下旬，宾夕法尼亚州阿伦敦的《晨报》（*Morning Call*）和《西雅图时报》（*Seattle Times*）都发布了有关亚马逊当地仓库十分炎热的调查报道。埃尔默·戈里斯（Elmer Goris）向《晨报》解释说，他曾在宾夕法尼亚州的仓库工作了一年，但后来不得不辞职，因为他无法忍受常年38℃以上的高温。

戈里斯虽曾在仓库工作了十多年，但从未做过任何对身体有害的工作。仅仅因为高温，他生病了。戈里斯曾看到一名同事昏倒，医护人员到达后，用轮椅和担架将这位工人带出仓库。应亚马逊的要求，救护车停在外面，医护人员做好准备，治疗中暑的工人。那些无法迅速恢复并重返工作岗位的人，都被送回家或被送到社区医院。据报道，亚马逊解雇了那些无法跟上生产节奏的员工。亚马逊西雅图地区的员工告诉《西雅图时报》，他们在工作中不断受伤，并迫于要求要谨慎地寻求治疗，以防政府意识到公司仓库工作环境中存在潜在的不安全因素。

亚马逊工人就工作条件向联邦监管机构进行投诉后，职业安全与健康管理局（OSHA）官员视察了仓库，不久之后向亚马逊提出了如何改善处理中暑的建议。

消息传出后，亚马逊的股东们并不高兴。尽管当时公司订单量一直在激增，但履行订单所涉及的复杂性致使工人处在潜在危险中，这就可能会招致巨额罚款，更不用说工人死亡了。在2012年5月的股东大会上，公司CEO杰夫·贝索斯（Jeff Bezos）告诉股东们，亚马逊计划花费5 200万美元给仓库装上空调——对亚马逊来说这点钱只是九牛一毛。

亚马逊可能给股东带来了巨大的价值——但如果媒体没有报道这个故事，员工没有提醒OSHA注意高温的工作场所的危害，那么如果在仓库中发生员工死亡事件，亚马逊的股票价格会怎样?公司重视效率，让员工去做超出他们体能极限的工作，并且节省能源成本，真的能使股票价格上涨一两美元吗？一说到血汗工厂，我们就能联想到恶劣的工作条件，这是一项工作该有的公平回报吗？我不确定理性的利己主义应该如何发挥作用。那你怎么想呢?

贝索斯在乎吗？他在2012年的会议上，宣讲了许多管理和慈善项目——这些项目令人钦佩。但许多股东更担心，他可能会让公司仓库再次处于危险的工作条件中。如果工人们无法工作，产品就无法交付，客户也会不满。这样一来，股东不会获得太多价值。仅仅是这个原因，就足以让你厌烦仓库里的高温。你该明白“不在乎”并不是一种不求回报的利他主义。有一个原因，即使是自由企业的早期支持者亚当·斯密（Adam Smith）也明白。善待你的员工，才能让你的客户成为真正的赢家。

接听电话

我很欣赏那些能带领整个公司的人都做到“多一点在乎”的领导者。如果一个组织内各个级别的员工都能在践行人道主义时感到舒适和自信，高层管理者领导质量的水平便可由此体现。

卡特里娜飓风袭击新奥尔良期间，新奥尔良非营利组织奥克斯纳医疗中心的CEO帕特里克·J. 昆兰（Patrick J. Quinlan）博士以及许多员工为人们提供不间断的服务——它是该地区受灾期间仍坚持开放的三家医院之一。风暴袭来时，奥克斯纳医疗中心的病理学家格雷戈里·亨德森（Gregory Henderson）博士在法国区。他照料需要医疗救治的新奥尔良警察，当时他是会议中心唯一的医生，周围是数千名绝望的人群，但他自身保持冷静并尽可能地为别人提供照顾。

奥克斯纳的员工还设法在卡特里娜飓风过后的前三天保持该市唯一的运营药房开放，以便患有哮喘、糖尿病等慢性疾病的患者可以继续获得他们的救命药物。在风暴期间以及之后的停电等困难时期，员工保持了血液供应，并保持实验室用品安全无菌状态。除了满足城市的医疗保健需求外，奥克斯纳医疗中心的管理人员还找到了一种方法，可以在停电的情况下向超过8 000名员工发放薪水。奥克斯纳医疗中心的总裁华纳·托马斯（Warner Thomas）表示，这一切都是可能的，因为该公司为员工制订了有效的灾难应急预案。这也体现出托马斯和昆兰对其委托人——新奥尔良人民的重视。

我偶尔会浏览社交新闻网站红迪（reddit），它的注册用户所上传的新闻中，有许多都是本地新闻。除了上传新闻者的人，还有一群被称为“红迪用户”（redditors）的人，他们会对他们喜欢的故事进行投票。当地很多有趣的故事都源于此，这是你从其他每日新闻网站中找不到的。我最喜欢的红迪故事之一，是在2010年发布的一则故事。一位用户写道，在暴风雪袭击宾夕法尼亚州韦恩后，她89岁的外公被困住了。通过电话得知其困境后，她的母亲四处打电话向当地社区求救。她的外公没有储备很多食物，而且独自生活。所以打完电话后，她的母亲向当地超市询问是否可以送货上门。

失败几次之后，她的母亲终于找到了一个愿意送货的超市：韦恩地区的乔氏超市（Trader Joe）。实际上该超市并没有送货服务。但接听电话的员工愿意为参加第二次世界大战的老人破例，再加上当时是假日季节，何乐而不为呢？她的母亲高兴极了！这位老人是低钠饮食者。乔氏超市员工推荐了低钠产品，并在订单上添加了一些经她的母亲同意的食品。他们在接到电话后，30分钟内送了足足几天的食物。此外，商店没有收取送货费和食品的费用。“最有趣的部分是，现在我的外公正试图走出他的公寓表示感谢，外面可是冰天雪地，我们阻止了他。”这位用户在后续帖子中写道。

在帖子的下方，出现了一系列有关乔氏超市员工（所有人员）做好人好事的其他故事。另外还有Trader Joe自己发来的回复：“你好，红迪用户！谢谢你。我们不太确定哪位员工这样做了，但我们会尽快联系，以便您亲自表达感谢。我们鼓励全美国的所有分店提供此类服务。再次感谢您！”不久，帖子就更新了：相关人员关于是否在互联网上写自己的名字有些犹豫——感谢！宾夕法尼亚州韦恩市斯维斯福特路171号E的住户。

我敢肯定，没有Trader Joe这个人。虽然乔氏超市CEO丹·贝恩（Dan Bane）每周花两到三天在商店里装袋，问候顾客，并与他们谈论自身喜好，实际上那个回复也不是他写的（考虑到我在那个回复里看到好几个拼写错误，而且他还有更多比回复帖子重要的事情要做），但他们公司里也应该会有人关注这些事。

零售业是一个很难经营的行业，食品销售可能更具挑战性。但随着类似业务的开展，乔氏超市似乎比其他同类超市更受欢迎。在《赫芬顿邮报》（*Huffington Post*）的栏目“食物信息”中，一位名叫“简”的员工写道：“我喜欢为乔氏超市工作，因为他们付我薪水，并提供了很多福利。作为一名员工，我得到了他们的尊重，这让我感觉自己很有用，而不仅仅是另一个可以替换的兼职员工（我曾经在其他零售企业工作中就是这种情况）。乔氏超市很擅长招聘优秀的人才，我很幸运能拥有这么多优秀的同事。”

根据《财富》杂志的一篇报道，因为乔氏超市的员工没有获得产品的利润率信息，所以店铺的阵列是根据特定商店的购物者，而不是每单位面积的利润所决定的。这家私营的公司年销售额约为80亿美元，他们公司每单位面积卖出食物的利润率是全食超市的两倍（即使他们的价格更便宜）。其成功的原因则在于生产和订购效率，高质量但价格低的产品以及由此产生的客户忠诚度。人们喜欢乔氏超市。我认为乔氏超市的成功还有很关键的一点，在某种程度上因为是贝恩鼓励共情——公司不会因员工赠送食物而感到生气，相反他们公开赞赏此行为。他们还有一个庞大的食品捐赠计划，这是该公司管理实践的一部分。这就是领导力。

金伯利-克拉克（Kimberly-Clark）的董事长兼CEO托马斯·J. 福尔克（Thomas J. Falk）在很大范围内践行“多一点在乎”的领导力。当你的公司全球销售额达到每年200亿美元时，你也可以而且应该能够这样做。在2010年2月智利发生8.8级地震之后，金伯利-克拉克通过其非营利性合作伙伴医疗共享组织（MedShare）、金伯利-克拉克基金会和金伯利-克拉克拉丁美洲业务部门，赞助运送大型医疗用品到智利塔尔卡瓦诺的伊格拉斯医院。金伯利-克拉克阿根廷分公司，通过五个不同的当地非营利组织为受灾幼儿捐赠了100万份纸尿裤；金伯利-克拉克智利公司的员工还自愿将他们的工作时间用于该地区的救济组织，以帮助那些有需要的人。该公司此前曾在2010年1月海地发生7.0级地震后，向海地提供了大量资金和产品，并在2004年底亚洲海啸后向受破坏地区提供了巨大援助。你可以在公司网站上找到相关信息。但是，援助结束后，公司的公关部门不会拿起电话打给记者，要求其报道该光荣事迹。

我不是故意要做得像是给乔氏超市、金伯利-克拉克，或任何其他公司打广告。你可以抱怨乔氏超市，以低廉的价格出售柠檬和其他产品冲击市场的做法；同样地，你可能会看到一次性尿布对地球造成的环境影响，毫无疑问，这种关注也有一定道理。我只是想指出，当你的公司发现，可以在某个方面展示其正直的品格的时候，你同时也会得到成功。

多一点在乎的意思是：

- 做正确的事——即使要放弃一个昂贵的项目，或拒绝一个有利可图的交易；
- 倾听坏消息并诚实地权衡其后果；

- 你的公司不是一个孤立的组织，而是社区的一部分——公司需要据此采取行动；
- 虽然你必须为股东和利益相关者提供价值，但不应以牺牲基本的人格和诚信为代价，更重要的是，通常做到后者，前者就水到渠成了；
- 所有员工都彻底按照这些原则行事。

在恰当的时机做重要的事

伟大的领导者在危机时期赢得声誉，而不是在繁荣和安宁时期。世界上是否有一位CEO能够真正为2001年9月11日纽约遭恐怖分子袭击时发生的悲剧做好准备呢？美国运通CEO肯尼斯·切诺特当时正在盐湖城出差。当在世界金融中心的美国运通总部街对面世界贸易中心倒塌时，11名在世界贸易中心工作的美国运通员工于袭击中丧生。当切诺特听到这个消息时，他立即致电位于公司总部的安全小组，并让他们组织员工撤离了大楼。这与世界贸易中心的安全团队形成对比，后者在第一幢大楼被撞击后建议人们留在大楼里。桥梁和隧道因车辆堵塞而封闭，当天只有步行才可以进出纽约市区；成千上万的公司员工被困在曼哈顿下城。

由于航空运输已经停止，成千上万的美国运通卡持卡人被困在世界各地的城市、乡镇和机场。根据切诺特对《公共周刊》（*PR Week*）说，他授权公司客户服务团队帮助50多万名已受困人员以任何可能的方式回家。该公司甚至包租飞机和大巴以帮助人们到达目的地。运通公司还免除了滞纳金、延长还款期并增加信贷额度，以帮助客户承担旅行费用。

袭击事件发生9天后，切诺特站在纽约麦迪逊广场花园近5 000名运通公司工作人员面前，亲自安慰悲伤的员工们。切诺特还宣布，该公司将向不幸身亡的11名运通公司员工的家属捐款100万美元。《商业周刊》报道称，切诺特“表现出的同情心和果断将使他跻身领导者榜首”。

“在充满挑战的时代，领导力仍显得非常重要。当我谈到领导力时，我常常想到拿破仑所说的话：领导者的角色是定义现实，并给予希望。现在，我不想成为拿破仑，但这是对领导力最简单的定义。2001年，我试图向组织传达我们所处境况的真实情况。你必须告诉人们艰难的真相，必须采取困难的行动，以及这些行动的后果是什么，”切诺特告诉《鲍登杂志》（*Bowdoin Magazine*），“但是，你必须向人们展示为什么要充满希望的原因。我在‘9・11’事件期间与员工沟通，告诉他们充满希望的一大原因是，美国运通已经存在了150多年，这期间我们面临过许多危机，既有战争也有自然灾害。但每一次，公司都正面迎接危机，并且变得更强大、更坚不可摧。”

虽然旅游行业在袭击事件发生后遭受重创，但几个月后，切诺特带领公司度过了那段困难时期。他在2001年10月告诉《财富》说：“我们必须面对现实，但我们不能受困于现实。”2011年5月，他在美国运通领导力学院的75名新兴领域领导者面前讲述了这一经历，告诉他们，想要度过危机，“关键在于平衡果断与同情心的关系。你不能害怕做出艰难的选择，但你必须以富有同情心的方式做到这一点”。

在“9・11”事件之后，切诺特确实面临严重的问题，就像在袭击发生前的春天那样，他不得不注销超过1.8亿美元他的前任领导者留下的垃圾债券；2001年7月，他又再次注销了8.26亿美元。此后季度收入暴跌75%，运通的股价下跌了一半，不得不解雇14 000名员工。袭击事件发生三个月后，运通的旅游业务收入下降了40%，导致公司必须忍痛削减另外6 800个工作岗位。到2003年，运通股票已大幅回升，表现优于标准普尔500指数，并使其股价在“9·11”事件之后翻倍。2007年，《财富》杂志将运通评为全美“领先发展最佳公司”之一。根据其股东的说法，2012年第一季度运通的净收入为76亿美元，比2011年第一季度高出8%。

切诺特富有同情心的管理理念，帮助运通保持灵活性和创新性。这对一家规模如此之大的公司（它是一家拥有8万多名员工的国际企业集团）及其所在行业（金融服务公司通常并不热情和温暖）来说是很难做到的。例如，它将大量时间和资源投入到一个强大的社交媒体平台，并且不断创新，不仅使消费者有了更好的体验，而且让公司有了更高的利润。其先进的员工医疗保健计划与现场护理设施也是一项重大投资。该计划使员工保持健康和高效，从而使公司受益。最终，与任何上市公司一样，运通公司将其对股东的承诺视为第一优先。“我希望每天都能在市场竞争中获胜，”切诺特告诉《美国新闻与世界报》（*US News and World Report*），“我希望有人说，切诺特是一个虽然专注于获胜，但确实也是最为正直的人。”

富有同情心并运用常识

金·杰弗里（Kim Jeffrey）是位于康涅狄格州斯坦福德的雀巢沃特世北美公司的总裁兼CEO。他负责管理北美最大的瓶装水公司，拥有7 500名员工、30家工厂和100多家分支机构。杰弗里于1978年加入雀巢。在于1992年成为总裁前，他曾先后担任美国中区部门销售经理等高级职位多年。2011年，该公司的销售额达到44亿美元，拥有美国十大饮用水品牌中的七个，包括波兰泉、箭头、鹿园、欧札卡、泽费罗斯山、雀巢优活等。事实上，雀巢水务北美公司占据美国瓶装水业务35%的市场份额，占据PET（对苯二甲酸乙二醇酯）瓶细分市场42%的份额（PET瓶是一种透明坚硬的瓶子，具有出色的气体和水分阻隔属性）。这是瓶装水业务中规模最大、发展最快的方向。

现在，新公司很难进入瓶装水业务——那些无处不在的容器一直是环保主义者的攻击目标，而其他人则认为他们正在破坏地球，即使瓶装水在应急储水和旅行方面起着重要作用。但杰弗里是一个现实主义者，他对环境非常在乎：该公司一直是美国绿色建筑委员会认证的能源和环境设计领导力（LEED）工厂的领导者，致力于减少水和能源的消耗，并保护了50块春季保护区周围的84 000多英亩土地，用于流域和野生动植物保护。其他主要措施包括减少原材料使用，倡导现代化回收系统以增加现有塑料包装的再利用。作为他个人对环境的承诺的一部分，杰弗里与他人共同领导了缅因州自然保护协会的历史性保护运动，该运动帮助保护了圣约翰河流域逾185 500英亩的自然生态。

2001年9月11日，当飞机撞入双子塔时，我的笔友凯伦对此一无所知。在那个可怕的决定命运的日子里，她正试图和其他所有人一起回家。她从纽约中城走回家，一路到布鲁克林。从纽约东42街到布鲁克林市中心的距离约10.5千米。那正天气炎热，阳光充足。“当我们最终穿过布鲁克林大桥时，大家都感到很疲惫，随之而来的还有一种烦恼和释放感，每个人都是大汗淋漓。”她说的是数百名与她一起跋涉的人。“但是当我们走到河的另一边时，有很多年轻人都在街上，他们正在分发饮用水。”

凯伦注意到，水是从波兰泉的大桶中倒出来的。“波兰泉是怎么做到这么快动员起来的呢？”她看着人群想。“交通已经瘫痪，没有人能进入城市或跨越桥梁。”尽管如此，这些了不起的年轻人设法到达那里，保证任何需要水的人都可以有水喝。事实证明，该公司的水车是灾难发生后唯一通过林肯隧道进入该区域的非紧急和非官方车辆。这是为了防止灾难几天后，发生小商店哄抬物价以平时两到三倍高的价格售水。这不是都市传说，是真事。

“在那之后，我一直在报纸上寻找关于波兰泉的故事。”凯伦说，但是一个都没有。尽管这是场悲剧，但一家公司仍会很好地利用它，这是事实。“实际上我给《纽约邮报》（*New York Post*）写了一封信，他们发表了一篇关于咖啡连锁店的故事，该连锁店在‘9·11’事件后不久，发布了一则令人反感的广告：一只萤火虫正冲向两大杯冰咖啡。人们并不觉得这个笑话好笑，”她说，“我希望人们知道这家充满爱的公司为我带来了什么样的经历，但不是通过事后宣传，这没必要。”

因此，我们非常好奇，想知道雀巢旗下的波兰泉如何能够如此迅速地动员起来，不仅仅是运水过去，而且组织了一群志愿者到布鲁克林，去人们非常需要水的地方分发水。这是第一次讲述这个故事。当凯伦告诉杰弗里，她现在是波兰泉的终身客户时，这让他有点不安，因为很明显公司员工当天分发水的目的并不是为了赢得客户。尽管如此，得知这些员工的所作所为会产生如此良好影响，他的声音仍然充满了自豪感。

“公司没有要求员工去发水，”他说，“但我对员工的这些行为并不会感到奇怪。因为我们在红十字会注册‘救灾合作伙伴’已经有25年了。”正如杰弗里指出的，最为急需的三种灾后物资是：住所、水和食物。“灾难发生之后，我们的员工立即就行动起来了，是因为我们尽可能呼吁大家承担社会责任。当然我们假设我们的员工足够聪明，知道他们该做什么，然后他们也这样做了。当你需要去一家杂货店退换商品时，你会发现，即使接待你的店员看起来似乎完全有能力做出决定并完成退货，但这个时候往往会有一个老店员来监督他们完成这项工作或者批准该流程。我们不这么看。你并不是在把选择权交给商店，大多数情况下，我们希望人们充分感受到他们是在执行某一个决定，他们是下意识地选择我们的。就如同他们在面临紧急情况时，我们恰好有他们所需要的东西一样的反应一样。”

事情是这样的，雀巢波兰泉位于布鲁克林海军造船厂的一个配送仓库距离布鲁克林大桥一侧不远。“我确信会有员工给朋友和家人打电话说：‘来这里帮助我们发放些水吧？’我们的文化允许员工自主做出与符合公司价值观的决策。我们希望各个级别的员工都具备该精神。‘9·11’事件发生时的事情完全是自发的，并不是我要求的，也没有人向上级申请许可。因为我们有伟大的员工，他们有常识并且被鼓励去行动。我们公司有很好的体系，所以这是非常可行的。”杰弗里说。

“很好的体系”这一描述轻描淡写。事实上，该公司在曼哈顿拥有的专用货车比可口可乐公司都多。该公司的一些货车实际上是被紧急救援人员征用来帮助救援的。他们也很乐意在那个时候提供帮助。“那天我们损失了许多货车，我甚至不知道有多少货车被毁了。”但杰弗里并不在意，他说，“那天，我们全员平安。我们还设法让人们摆脱了困境。”

在所有这一切中，股东价值肯定也必须是杰弗所关心的。毕竟，他也要对投资者负责。“有趣的问题是，我们如何衡量它，”他说，“在互联网社会中，公司的声誉可能会在24小时内被破坏，因此在无数问题上做出决策时，必须考虑我们如何行事，考虑与我们有业务往来的公司。任何重视声誉的人都会这样做，特别是当你们生产的是具有人道主义功能的产品时。

作为一种随随便便的“好意”。如果你想约某人喝咖啡，为什么不拨打电话呢？当你发邮件跟进时，为什么不约着喝咖啡呢？从小事开始，快步成长。这是世界上最容易做到的事情。

2.每天都要有“意想不到的联系”

我有一大堆名片，可能超过4 000张。这些人都是我只见过一次的人，通常是在会议或贸易展览会上认识的。他们不是我经常联系的人，但也不是完全陌生的人。我将这些名片放在桌子上一个巨大的玻璃缸里。那些不是很担心自己的体重的人常常会在这里放糖果。但我担心自己的体重，名片不含热量，即使你吃掉也没关系。每天，我都会拿出十张名片，然后给幸运者们发电子邮件，简单打个招呼。不谈生意，甚至不会过多地谈论我，只是问一些跟他们相关的事情：他们最近怎么样、他们在做什么，等等。这让我“加深印象”，同时还能让那些我“不常联系的人”逐渐转变为我的“客户”，或者是我的社交网络中有用之人。这还有额外的好处，他们在有人问他们是否认识与我做类似工作的人时，首先想到我。另一个好处是，我可以跟人打招呼了，多好的事情。

3.了解人们在做什么

如果你知道我关注了多少人的谷歌动态，你就会称我为跟踪之王。但事实上，这些情报是我武器库中最有用的工具之一。有家公司上市了？发一封祝贺信。有人升职了吗？寄些饼干过去。有人得到了一份新工作？送六瓶装啤酒。这并不难，不会花费太多，但能让你远超平常人。为什么？因为没有其他人这样做。大家都赢了！（尤其是你！）

4.集中注意力

这可能是说起来最简单，做起来最难的一件事了。试想一下，你上一次认真听一个人说话，并且真正地理解他们所说的内容，而不是等着一个你可以插话的间隙，是什么时候？关于交流我要说的是，真的要像对待工作一样去对待它。当你听别人说话的时候，就只是点点头，划拉着手机的屏幕，想着晚上该吃什么的话，听是很容易的。但是，一天下来，你一无所获。要听到别人在说什么，然后记下他们说的关键点。

随后就这些关键点提出问题，或者是线下跟他们交流。这样一来你在新朋友那里，就跟他每天与之交流的那些人不是同一阵营了。要知道什么时候该闭嘴，你总会在开会时看见这样的人，他们自说自话，实际上并没有什么好主意，当他们开始喋喋不休的时候，没人愿意坐在他们身边，没有人愿意邀请他们参加聚会，他们也很难得到晋升。所以为了你的声誉着想，闭嘴，听别人说。

5.把自己和大多数人区分开

大多数人都是碌碌无为的。你要接受这一点，并且做得比大多数人好。也就是说你要做得像你妈妈（还有托尼·本内特）曾经教过你的那样。有人比你年长的话，称他为“先生”或者“女士”绝对没错。去做那个介绍别人认识的人。“塞姆，你见过米歇尔吗？你们俩都是做肠胃研究的。”至少你就能成为他们的联络人，情况理想的话，你还会是塞姆和米歇尔合作项目的牵线人，或者是他们的媒人。

6.在办公室里或者其他你除了家以外去得最多的地方放一个旅行包

一个旅行包可以装下你加两天班所需的必备品。一身西装或是一件熨好的衬衫和牛仔裤，牙膏、牙刷、肥皂、内衣和袜子，还有须后水和香水。我最喜欢的《真实的谎言》（*True Lies*）的一个镜头就是阿诺德·施瓦辛格（Arnold Schwarzenegger）脱下潜水服套上燕尾服，然后在身上喷一点古龙水。你应该时刻想着做一个任何场合都不露怯的人，而且往往这个时候别人很难做到穿戴合宜。这就会让别人记住你，不只是想起你。

7.如果你什么都不做的话，那么就做一个好人吧

一个微笑足以证明你还不是一无是处，认真地做一个好人吧。在车厢里，为别人把行李放到行李架上去；排队的时候，让看上去真的很着急的人排在你前面……你永远不会想到这些无心的小善行会带来什么。但你要知道，如果真的会发生什么，起因就是你相信，自己跟别人不一样。自此以后，就需要自己去证明了。

好好享受吧，生命值得我们认真度过，我们也应该在生活中做一个好人。如果你做对了，这将会是一段有趣的旅程。我想知道你的看法，我会回复收到的所有邮件（这是另一个关键）。我的邮箱地址是peter@shankman.com，让我听一下你的观点吧。

最后，感谢你阅读本书。